# HOLLI MET THE METAL GODS I

RUDOLPH T. RAVE

# HOLLI MET THE METAL GODS I

Besucht uns im Internet: www.facebook.com/teerave24

©2015, RUDOLPH T. RAVE

Alle Rechte vorbehalten

Verlag: tredition GmbH, Hamburg

Illustrationen und Fotos von RUDOLPH T. RAVE

Umschlag/Buchgestaltung RUDOLPH T. RAVE

Verwendung von Fremd-Fotos:

Umschlag Hintergrund © Les Cunliffe - Fotolia.com

Kapitel Logo Foto © Iurii Konoval – Colourbox.com

Fanzine Fotos Seite 10,11 und Buchrückseite: © Robert Gonnella

Korrekturen: Petra Lemmer, Alina Djavidrat    Lektorat: Alina Djavidrat

Haftungsausschluß:

Bibliografische Information der Deutschen Nationalbibliothek:
Die Deutsche Nationalbibliothek verzeichnet diese Publikation in der Deutschen Nationalbibliografie; detaillierte bibliografische Daten sind im Internet über http://dnb.d-nb.de abrufbar.

ISBN:

978-3-7323-5548-8 (Paperback)

978-3-7323-5549-5 (Hardcover)

978-3-7323-5550-1 (e-Book)

Demnächst auch in englischer Sprache erhältlich.

Release in English coming soon.

Metal forever...

# Prolog

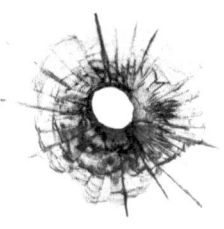

Mein Name ist Hollister Bluni. In meinem Dunstkreis nennt man mich einfach nur Holli. Ich habe in den Neunzigern ein paar Jahre lang für das eine oder andere kleine Metal-Fanzine in Deutschlands Westen als Fotograf und Redakteur an der Front gestanden. Und das war oft ein Kampf. Um diese Heftchen für die Fans mit Leben zu füllen habe ich - haben wir- so einiges erlebt. Angenehmes, aber auch Unangenehmes.

Jetzt, nach meiner Laufbahn als lästiger Fotofuzzi und „schmieriger" Schreiberling muss ich einfach einige dieser Geschichten erzählen. Dies würde helfen, sagt mein Psychiater. Dies würde meiner verbrannten Seele nach diesem harten Weg helfen, wieder zu sich zu finden.

Okay, okay kleiner Scherz.

Mein Seelenklempner ist nur eine Ausgeburt meiner Fantasie. Genau wie mein Name. Den habe ich nur gewählt, damit meine Leser nicht zuhauf ihre Feldbetten vor meiner Haustür aufschlagen, um ein Autogramm oder was weiß ich zu erhaschen. Ich bin zwar nicht das neue „Ei-Phone", aber man steckt ja da nicht drin. Kurz gesagt, mein richtiger Name und auch der meiner damaligen Kollegen tun nichts zur Sache. Ich wünsche angenehme Unterhaltung bei einer Reise in die Vergangenheit und bei einem Wiedersehen mit vielen, meist noch immer aktiven Stars aus der Metallerwelt.

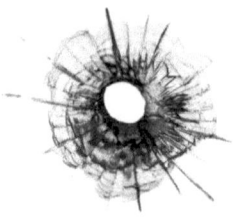

# Papyrus Metallos

Weit, weit vor der Zeit, bevor die Elektrospinne ihr Netz um unseren Globus gesponnen beziehungsweise gelötet hatte, gab es nur Zeitschriften aus Papier. Ist diese Form zur Verbreitung von Informationen heute in vielen Bereichen schon vom Aussterben bedroht, so war sie Ende der siebziger und Anfang der achtziger Jahre noch die wichtigste, ja fast schon einzige Quelle für uns Metal-Fans.

Um also etwas über die Typen zu erfahren, die jene geilen metallischen Krachorgien produzierten, wartete ich immer gespannt auf jegliche Neuigkeiten aus der Szene. Gierig, wie der Mensch so ist, wuchs der Durst nach mehr. So auch bei mir.

Da Heavy Metal in dieser Zeit als aktuelle Revolutionsform in den Mainstream-Medien wie Funk und Fernsehen außen vor gelassen wurde, blieben folglich nur die Zeitung und Mundpropaganda übrig. Es mag altmodisch klingen, aber diese fand ich viel spannender und interessanter als die Informationsflut heutzutage. Heute entdeckt man kaum noch selbst neue Bands, sie werden fast täglich serviert. Heute kannst du deinem Kumpels nicht mehr erzählen was es tolles Neues zu berichten gibt, denn er weiß es schon.

Die großen Musikmagazine die es früher gab, setzten aber nur die glattgebügelten Aufgüsse der Industrie in ihre Hefte.

Also musste schnellstmöglich etwas getan werden, damit der Widerstand gegen die laue Soße da draußen wachsen konnte. Geld für einen eigenen Radiosender? – nein! Geld für einen eigenen Fernsehsender? – erst recht nein! Vielleicht Geld für ein Verlagshaus? - Nein!

In vielen Teilen der Welt entstanden die ersten Hefte, wie auch die ersten Hefte des bekannten ROCK HARD Magazins, aus der Not heraus am Fotokopierer. Diese forderten fernab von dem abhängigen Giganten nur eins:

Support the Underground!

Die Herausgeber hatten in erster Linie ein Interesse daran, die Bands zu verbreiten, die sie mochten. Von Fans für Fans. Ehrlich, wie es sein soll und so unabhängig, wie es eben geht. Wie bei allem, was wirklich gut ist, wuchs auch die Gemeinschaft der Metaller rasant. Die Fan-Magazine, kurz Fanzines, wurden dicker. Die Werbepartner fanden mehr und mehr ihren Weg in diese unsere Welt. Die Unabhängigkeit in Gefahr?

Ja natürlich! Einige wenige Magazine schafften es so farbig, glänzend und erfolgreich zu werden. Dies ist keineswegs negativ gemeint. Doch wenn der Rubel rollt besteht nun mal die Gefahr, dass sich Abhängigkeit einschleicht. Es war und ist immer ein Grenzgang, den Fans auf der einen Seite ein schickes Heft zu bieten und andererseits auf den schnöden Mammon und die Industrie zu scheißen. Der Enthusiasmus der kleinen, „unbedeutenden" Magazine war trotzdem ungebrochen.

METAL WARRIORS
METAL WARRIORS
METAL WARRIORS
METAL WARRIORS
DEADLY FUCKIN' THRASHPANZER
MORBID
TESTAMENT
Black-Death-Doom-Heavy-Thrash Magazine
Metallica Cryptic Slaughter Savage Thrust
Deathchamber Discharge Mefisto and more!
CHAINSAW
DARKNESS
3,50
ine des Hard-Rock-Club-Bo
MOSH
4 DM
FERNO
GERMAN
HARD 'N' HEAVY FANZINE *5
NOV. '89
NUMBER 4
PRICE: 15 SKR
3 U.S.D
5 DM
£ 1.5
NOT
ADRENALIN O.D.
DR. KNOW
INDIGESTI
Tension
Bulldozer
LETHAL AGGRESSION
3 ADULT HITS!
SATANIC
New Renaissance
WEHRMACHT

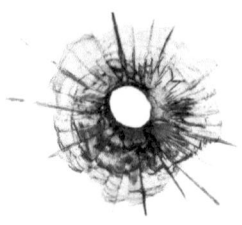

# Nostalgica

Die Idee seine Restfreizeit damit zu verbringen, die geliebte Musik und die passende Lebenseinstellung zu verbreiten, war der erste Schritt. Um für seine Seelenverwandten ein sogenanntes Fanzine herzustellen brauchte man dann also erst einmal Inhalte. Gut, das war relativ leicht. Dann hieß es jemanden zu finden, der die Gestaltung der Seiten übernahm - ohne Computer! Das war schon schwieriger. Und das ging so:

Man nahm einen Stift, ein Blatt Papier und einen Papierkorb. Entweder man kreierte im Kopf eine gewünschte Plattenkritik oder man hörte sein Diktiergerät ab und versucht dabei die Antworten der interviewten „Rockstars" zu deuten. Die ersten Frage-Antwort-Spiele kamen meist dadurch zustande, die Proberaumnachbarn und Bands der Stadt zu fördern, die man kannte und mochte. Platten kritisieren war leicht, denn die hatte man ja zur Genüge im Schrank. Wenn nun der Text nach diversen Versuchen und der halb vollen „Ablage A" endlich vorgeschrieben war, begann der nächste Spaß: Alles auf einer Schreibmaschine abtippen. Fehlerfrei versteht sich. Ansonsten hatte der Behälter mit dem zerknüllten Papier schnell den Höchststand erreicht. Wenn die wohldurchdachten fertigen Textblöcke ausgeschnitten, die Bandlogos handgemalt und mit vorhandenem Promo-Bildmaterial auf ein weißes Blatt Papier in Position gebracht worden waren, wurde mit Kleber wie „Nachtvogel" und Co. fixiert. Nach Fertigstellung aller geplanten Seiten und Festlegung der druckfähigen Reihenfolge, wurde einem die ehrenvolle Aufgabe zuteil den ganzen Wust zu einem Original zusammenzukopieren und dann...

Dann stand man vor dem nächsten Problem: Wie vervielfältigen wir den Kram? - Digitale Druckereien gab es noch nicht. Nach dem Gang in die benachbarte Offsetdruckerei war schnell klar: nicht genügend Geld am Start für eine richtige Druckerei! Was also tun? Schwarz-Weiß kopieren und heften lassen, fertig!

Findige Denker unter uns kommen sicher jetzt zu dem Schluss: Ja dann muss halt auch Werbung ins Heft gepackt werden, dann würde es auch mit dem Drucken passen!
Das war uns dann auch klar. Es war nur so, dass eine Mörder-Auflage von 500 Heftchen nicht wirklich interessant war für potente Werbepartner wie Platten- oder Großfirmen. So blieb es meist auf drei bis vier Anzeigen vom örtlichen Musikgeschäft, der Frittenbude eines Bekannten oder eines benachbarten Copy-Shops beschränkt. Letzterer zum Beispiel bezahlte dir dann seine Anzeige in Form von Rabatten beim Kopieren deines Heftes. Natürlich war man auch dafür dankbar, aber für mehr Druck-Wohlstand reichte es da leider nicht. Aber genug geweint. Schließlich ging es um die Sache.

Viel wichtiger als das leidige Business waren die Dinge, die das Heft ausmachten. Interviews, Reviews, Konzertberichte oder Kritiken über regionale Kneipen, die keine Scheu hatten Metal zu spielen. Und wenn es nur jeden zweiten Dienstag passierte. Zum Auflockern des Gesamteindrucks verzierten natürlich noch Fotos und handgemalte Illustrationen das Werk. Der Herausgeber, Chefredakteur, Redakteur, Fotograf, Tipp-Sklave und Layouter war anfänglich wie so oft bei den Fanzines ein und dieselbe Person. Eben diese Person hieß Sascha.

Ich erinnere mich gut an das erste Treffen mit Ihm. Beim Osterthrash-Festival 1990 in Konz bei Trier wieselte er geschäftig durch die Halle.
Im Gegensatz zu mir war er mit seinen knapp ein Meter sechzig eher ein Zwerg. Die Haare wucherten auf dem Weg in Richtung Hals bereits über die Marke für eine Ausbildung bei einer Bank hinaus. Seine rote Verwaltungsbeamten-Lederjacke sah schon anders aus, als die der restlichen Metaller, die hier der Musik frönten. Doch darunter schimmerte ein unverkennbares T-Shirt von FORBIDDEN. Aber das Outfit war natürlich scheißegal. Metaller ist Metaller.

Wir waren den ganzen weiten Weg aus Nordrhein-Westfalen nicht nur der coolen Bands wegen gereist, sondern auch, um uns den neuen SODOM - Gitarristen Michael Hoffmann anzusehen, den zwei aus unserer Clique persönlich aus ASSASSIN – Zeiten aus Düsseldorf kannten. Wir kamen mit Sascha ins Gespräch, da auch er mit einem unseres Haufens bekannt war. Die Fanzine Arbeit, von der er erzählte, klang für uns sehr spannend. Ihm wuchs die Arbeit jedoch über den Kopf und er suchte weitere zuverlässige Mitstreiter. Wir verstanden uns auf Anhieb und so floss die eine oder andere Hopfenkaltschale.
Es uferte so aus, dass wir alle anfingen, anspruchsvolle Wortspiele über die Stadt, in der wir tranken, zu kreieren.

„KONZe nich aufpassen?" oder „KONZenTRIER dich doch mal auf das KONZert" gehörten unter anderem zu den sinnigen Ergüssen. Auf diesem feucht-fröhlichen Metal-Fest ging die Mitarbeitersuche des Fanzines dann irgendwie unter.

Einige Wochen später trafen wir uns zufällig bei einem Bier im Metal-Schuppen unseres Vertrauens, dem PAPIDOUX in der Düsseldorfer Altstadt. Sascha erzählte mir erneut, was er so treibt. Ich fand das sehr cool und so fragte er mich, ob ich nicht mobil wäre und am nächsten Tag Zeit hätte.

Das war der Beginn einer aufregenden Zeit.

OSTERTHRASH
FESTIVAL 1990

# Mein erstes Mal

Am nächsten Tag rief mich Sascha zu Hause an.

„Es hat geklappt. Wir stehen auf der Liste. Wir fahren nach Köln in den Starclub. Bring einen Fotoapparat mit!"

Da ich noch ein wenig atmosphärische Störungen hatte, gab ich ohne mehr zu wissen und zu verstehen, mein OK. Obwohl, war der Starclub nicht in Hamburg? Egal! Während der Fahrt auf der Autobahn erklärte er mir genau wo es hingeht und wer heute Abend die Wände wackeln lässt.

MORGOTH, OBITUARY und DEMOLITION HAMMER

Wie geil war das denn bitte? - Das Line-UP: für mich ein Kracher! Bis auf DEMOLITION HAMMER waren mir die Bands sehr wohl bekannt.

„Wenn alles klappt, wie die sagen, dann stehen wir mit Pressekarten und Foto-Pass auf der Liste. Außerdem haben wir dann auch noch ein Interview."

Coole Aktion, dachte ich. Geile Bands live sehen, Fotos machen dürfen und dann auch noch mit den Rockstars quatschen.

Der Aspekt, den Eintritt dabei auch noch umsonst zu bekommen, war fast schon nebensächlich.

Die erste Anlaufstelle einer jeden Konzertfahrt war jedoch die erste Tankstelle in der Stadt. Dort den Tankwart nach dem Weg gefragt und notiert. Und diese Spiel solange fortgesetzt bis das Ziel erreicht war. Tja, die gute alte Zeit.

An der Abendkasse bekam Sascha dann doch glatt ohne

Wenn und Aber die Pressekarten ausgehändigt. Diese erlaubten heute sogar das Fotografieren.

"Was freut er sich denn so," denken sicher die Jüngeren unter Euch? Tja, 1990 gab es noch keine Standard-Bundesbürger mit Mobiltelefonen. Und schon gar keine mit einem modernen Fernsprecher, der Fotos machen konnte. Die kleinen Ritsch-Ratsch-Klick Fotoapparate, die Fans sich mitbrachten, hatten meist auf Konzerten keinen Zutritt. Größeres Gerät schon mal gar nicht. Es war also ein wirkliches Privileg für mich, die heutigen Bands abzulichten. Zum Glück konnte ich trotz fehlendem fotografischen Sachverstand wenigstens eine halbwegs ordentliche Spiegelreflex-Kamera mein Eigen nennen. So stand meinem ersten Mal nichts mehr im Weg.

Den Startschuss zum Knüppelabend war ein Hammer. Ein DEMOLITION HAMMER. Von den Jungs hatte ich bis dato noch nichts gehört. Dafür gefiel mir aber direkt der ein oder andere Song der New Yorker auf Anhieb.
Meine ersten legalen Fotos in einem Live-Konzert fanden so ihren Weg auf den Rollenfilm meiner Kamera.

Was noch zu dem ganzen „DÜRFEN" dazu kam, war die Tatsache dorthin gehen zu können, wo sonst nur eine düstere Security - Wand vor einem in Abwehrstellung geht: Backstage!
Die Patschhändchen der Wandschränke am Durchgang blieben am Hosenbund. Die Promoterin war den Herren schon bekannt und so konnte sie uns diskussionslos in die sagenumwobenen heiligen Hallen der Rockstars geleiten. Dies waren heute zwei weiß gestrichene kleine Abstellkammern mit

'nem Tisch und ein paar Stühlen. In den Gängen standen leere Fässer und Utensilien des Clubs. Glamourös geht wirklich anders. Mächtig wichtige Leute tummelten sich dort um die halb angetrockneten belegten Brötchen. Mittendrin ein paar Gesichter, die ich nur von den Plattencovern aus meiner Sammlung her kannte. In Zeiten weit vor YOUTUBE, in denen man nicht jeden Schritt und Tritt der Stars vorgeführt bekommt, war es was Besonderes hier zu stehen und einen Zentimeter weiter seine Idole zu sehen.

Das Interview mit James Murphy von OBITUARY? Im Nachhinein gesehen untypisch für ein kleines unerfahrenes Fanzine. Peinliche Fragen wie: „Wann habt ihr Euch gegründet?" oder „Was bedeutet euer Bandname?" fehlten bei Sascha. Ich für meinen Teil konnte zu der Zeit nur wenig bis gar kein Englisch sprechen. Verstehen ging so, Konversation aufgrund fehlender Praxis und angeborener Schüchternheit eher mangelhaft. Sascha dagegen sprach die Weltsprache richtig gut. James, der kurz zuvor noch als Gitarrist bei DEATH spielte, plauderte über seine Diskussionen mit seinem Ex-Chef Chuck Schuldiner (R.I.P.), den schnellen Wechsel zu OBITUARY und die Schaffensphase zur aktuellen Scheibe „Cause of Death".

Beim abschließenden Händedruck meines ersten Rockstars lag schon für einen Moment der Gedanke nahe: „Ich wasch mir nie wieder meine Hand."

Ich schoss weiter meine Fotos und war happy. OBITUARY! Watt ein Gebolze. Obendrein hatte ich dort auch noch den ersten Drummer gesehen, der die Ultra-Doublebass-Attacken mit den blanken Füßen spielte. Herrlich!

MORGOTH: Zum Abschluss einfach nur souverän! Sie galten zu der Zeit als professionellste Knüppelband des Landes. Und das waren sie definitiv. Ohne Zweifel ein würdiger Headliner. Sänger Marc Grewe, der zu dieser Zeit noch neben dem Gesang den Bass bearbeitete, brüllte was das Zeug hielt und die Mannschaft um ihn brachte den Teppich dazu auf den Punkt genau ans Ziel. Ein sehr geiler Abend mit sehr geilen Bands.

Ein Erlebnis, mein erstes Mal.

DEMOLITION HAMMER 1990

OBITUARY 1990

MORGOTH 1990

# GAMMA RAY

## und die Rettung der Blutkonserven

Sascha war sehr zufrieden mit meinen ersten Fotos und so war ich einfach dabei. Nebenberuflicher Fotoonkel in einem Magazin, das sich mit meiner Passion befasste. HEAVY METAL!

Der nächste Job war schnell am Start: GAMMA RAY in Bochum in der Zeche auf der HEADACHE FOR TOMMOROW-Tour. Sascha selbst konnte nicht zum Konzert fahren. So bekam eine neue Kollegin Namens Martina die ehrenvolle Aufgabe, das Interview mit den Headlinern zu führen.

Auf der Autobahn A52, der ersten Teilstrecke von Düsseldorf in Richtung Zeche, hatte man am Ende immer das Vergnügen im Stau zu stehen. Hier, wo von drei Spuren auf eine Spur reduziert wurde, war es dann passiert. Martina stellte sich als sehr lebendiges Wesen heraus. Ihre fehlende Geduld gegenüber des MC-Radios und ihre ständige Musikkassetten-Wechselei trieben mich im Stau in den Wahnsinn.

Mit einem Ruck und lauten Knall war ich zwar langsam, aber fast ungebremst auf einen Opel-Kombi aufgefahren. Und das auch noch in dem geliehenen VW Golf von meinem Freund Thomas. Herzlichen Glückwunsch. Der junge Mann im verbeulten Kombi vor mir war zwar freundlich, aber nicht wirklich gelassen. Seine Heckklappe ging nicht mehr richtig zu. Das Hauptproblem jedoch drehte sich um den Inhalt seines Wagens.

Er hatte Blutkonserven an Bord!

Also schoben wir den Golf ein Stück zurück, damit er seine wertvolle Fracht überprüfen konnte. Noch mal gutgegangen! Nichts beschädigt. Wir tauschten die Versicherungsdaten aus. Ich half ihm anschließend eine gute Viertelstunde lang seine lädierte Heckklappe wieder so zu schließen, dass er ohne Probleme weiterfahren konnte. Beim Golf meines Freundes: Scheinwerfer platt und der Kühlergrill zerlegt. Früher war es noch möglich, selbst Hand anzulegen. Heute oft ein Unding. So konnte ich bei diesem Modell selbst die Reparaturen erledigen, was die Kosten für mich und den Ärger mit Thomas deutlich senken würde.

Der Rest unserer Fahrt verlief deutlich ruhiger. Wen wundert's. An der ehrwürdigen Bochumer Zeche war schon ein reges Treiben im Gange. Die nötigen Pressekarten und der Foto-Pass lagen für uns bereit. Stand ich noch in Köln bei MORGOTH mitten in der Menge, um Fotos zu schießen, so gab es hier einen richtigen, abgegrenzten Bereich an der Bühne. Der legendäre Fotograben. In ihm herrscht die eine oder andere Regel. Das sollte ich auf meinen späteren Konzerten noch erleben. Heute gab es keine einzige dieser Regeln.

Mit mir teilten sich noch gut zehn andere Kollegen der knipsenden Zunft den kleinen Graben. Man konnte sich dran gewöhnen, immer in der ersten Reihe zu stehen. Und auch noch ohne wirkliches Gedränge. Die Gäste der Tour, RISK aus Germany, boten einen schönen Querschnitt ihres Schaffens und hatten den „Ratman"-Hit mit im Gepäck. Das Set hätte ruhig länger gehen können.

Kai Hansen und seine Mannen hatten den Laden anschließend sofort im Griff. Als aber der HELLOWEEN - Klassiker „Starlight" zum Ende des Sets angezählt worden war, stand die Bude Kopf.

Am liebsten wäre ich nach dem Konzert nach Hause gefahren. Schließlich schellte morgens um sechs der verdammte Wecker und ein Auto hatte ich auch noch zu reparieren. Doch es hieß jetzt erst einmal Warten. Das Interview für uns war leider erst nach dem Duschen und Abendessen der Band angesetzt.

Martina hatte jedenfalls noch sichtlich Spaß bei ihren fanzine-typischen Fragen an Sänger Ralf Scheepers, wie: „Wann habt ihr euch gegründet?" oder „Was bedeutet euer Bandname?". Na dann...

Der erwartete Ärger um das leicht zerlegte Automobil des Kollegen hatte sich tatsächlich in Grenzen gehalten. Der anliegende Schrotthändler verkaufte mir die beiden nötigen Teile für 50 D-Mark und ich schraubte seine Laune mit meiner Eigenreparatur wieder in den Bereich eines mürrischen „Na ja!" Ich für meinen Teil unterließ es aber doch für eine Weile, Thomas zu fragen, ob ich nicht seinen Wagen noch einmal als Redaktionstaxi missbrauchen konnte.

RISK 1990

GAMMA RAY 1990

KAI HANSEN 1990

# 24-7 SPYZ

...überall Spione

Sascha stand kurze Zeit später wieder mit neuen Aufgaben auf der Matte. Wieder die A52, wieder zur Zeche nach Bochum. Diesmal aber mit dem Chef persönlich und ohne Blechschaden.

Eine Truppe aus den USA gastierte dort mit dem nicht ganz alltäglichen Namen 24-7 SPYZ. Nie gehört, nie gesehen.
Sascha war bestens informiert und sprang an der Halle direkt auf den Tour-Bus zu, aus dem ein paar Bob-Marley-Gedächtnis-Frisuren in Baseball-Klamotten herausspazierten. Als wir näher kamen verstand ich nur noch „Bahnhof und Kofferklauen". Der US-Bronx – Slang war viel für meine Englischkenntnisse. Die schwarzen Musiker blubberten daher, wie sie es zu Hause gewohnt waren und ich war bei der Konversation raus für heute. Sascha, der des Öfteren schon als Austauschschüler in den Vereinigten Staaten von Amerika unterwegs war, bewältigte sein Interview mit den netten Herren ohne Berührungsängste.
Der Funk-Metal Mix kam an dem Abend in der gefüllten Bude noch gut an. Dass die Band in den Staaten bereits über 100.000 Scheiben verkauft hatte, wusste ich zu dem Zeitpunkt nicht. Tja, man lernt nie aus.

24-7 SPYZ 1990

24-7 SPYZ 1990

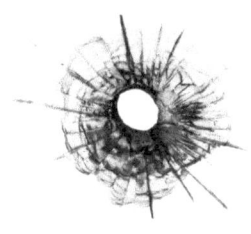

# Nehm ich, nehm ich nicht!

In den Tagen zwischen der ständigen Hin-und-Her-Fahrerei zu den Konzerten schmiss uns Sascha bei den seltenen Redaktionstreffen mit Promo-Musikkassetten und CDs zu. Da unsere Seitenanzahl für Reviews doch sehr begrenzt war, entschied der Chef meist was zu kritisieren war und was nicht. Ausgewogen und interessant sollte es sein. Dort begann dann der erste Grenzgang in die Abhängigkeit. Wenn man als kleiner Medienpartner schon so großzügig bemustert wurde, dann wollte man auch wenigstens die Platten besprechen. Damit ist es schon fast aus mit dem Gedanken, dass nur das kritisiert wird was man wirklich geil findet.

Da kommt dann eins zum anderen. Zieht man dann weiter knallhart seine Ideale durch, würden sich die Zusendungen mit Sicherheit drastisch verringern oder wegfallen. Dadurch käme nie Werbung durch die Labels rein und man dümpelte weiter ein tristes Dasein im Nirwana . Die Arbeit machte ja nun auch richtig Spaß. Also schob man die Entscheidung über moralische Aspekte erst einmal beiseite. Der Chef, also Sascha schien sich auch nicht nachts im Bett zu wälzen und schweißgebadet im Schlaf zu stammeln:

„Nein, nein, ich habe mich nicht verkauft."
Jetzt im Nachhinein fallen mir solche Gedanken zu dem ganzen Geschäftsgebaren ein. Damals hat mich oder sonst

wen das gar nicht wirklich interessiert. Wir hatten Spaß an der Arbeit und alles andere war voll egal. Wir warben für die einzig wahre Musikrichtung und haben diese dafür intensiver erleben dürfen als andere. Ist doch nur legitim, oder was!

Das Büro der Chefredaktion 1990

# WHITESNAKE

## Gift und andere Giganten

Ohne Punkt und Komma war der Terminkalender für uns mit immer mehr Arbeit und Vergnügen gefüllt. So musste ich als Fotograf jetzt des Öfteren Dinge tun, die nix mit Knipsen zu tun hatten. Die Dortmunder Westfalenhalle I beherbergte heute ein hochkarätiges Festival, von dem es zu berichten galt. Fotos waren für uns tabu, also hieß es:

„Holli, ein Livereview, Abmarsch!"
Wie unangenehm.

POISON, AEROSMITH und WHITESNAKE am 25.08.1990 auf einem Haufen bei uns in der Region. Fein! Die 14.000 Gleichgesinnten waren begeistert. Wie ungewöhnlich.
POISON gehörten ja nun gar nicht zu der Art von Band, die ich bevorzugte. Poser oder Glam-Metal ließen mich nie vor Begeisterung tanzen. Das einzige Liedchen was für mich erträglich war, hieß „Every Rose Has Its Thorn". Na ja, die Hochtupierten tobten munter über die Dreißig-Meter-Bühne und das Volk fand es gut.

AEROSMITH im Vorprogramm von David Coverdale. Ein paar Jahre später wäre das sicher andersherum abgelaufen. Steven Tyler und seine Mannen lebten ihre makellose Professionalität und zeigten wie über zwanzig Jahre Rock'n' Roll-Geschäft erfolgreich funktionierte.

WHITESNAKE, die zu der Zeit mit „Here I go again" und „Is this Love" durch die Decke gegangen waren, lieferten eine unvergessliche Show ab. Nicht weiter verwunderlich bei der Besetzung um den Altmeister David Coverdale: Steve Vai,

Adrian Vandenberg, Rudy Sarzo und Tommy Aldridge. Diese Allstar-Band sollte über jeden Zweifel erhaben sein und niemand zweifelte. Das lag sicher auch daran, dass der Chef seinen Herren den Freiraum in Form eines ausgedehnten Solos einräumte. Wirklich einmalig diese Verbindung.

# VENOM

## und der Zorn des Kults

Wie Zeiten sich doch ändern. Mein letzter VENOM - Einsatz als Fan lag zwar schon eine Weile zurück, aber er hatte immer noch seine Wirkung auf mich. Damals, Anno 1985, verbannte VENOM noch METALLICA als Headliner auf dem METAL HAMMER-Festival auf der Loreley und donnerte seinen düsteren Hammer vor gut 15.000 Heavy's nieder. Eine Bombast-Show sondergleichen, die meine Schmerzen in den Füßen nach vierzehn Stunden Konzerttag kurz vergessen ließen. Am heutigen Tage passten aber gewissermaßen ins TOR3 gerade mal tausend Nasen rein, wenn es denn ausverkauft wäre. Die fünf Scheinwerfer in drei Reihen kamen auch nicht mit dem einstigen Aufmarsch der Lichtlawinen mit. Das wirkte alles ziemlich befremdlich.

Mit ihrer Musik und der Art der Präsentation in dieser Zeit hatten sie eine besondere Wirkung erzielt und neue Wege für viele Bands eröffnet. Frontmann Cronos war zu der Zeit aber wegen Streitigkeiten nicht mehr in der Band. Anstatt aber diesen Mythos besser auf Eis zu legen, kamen ein neuer Sänger und ein zweiter Gitarrist hinzu. Nichts gegen die Neulinge, aber das konnte einfach nichts. Spezielle Bands wie VENOM, die mit ihrem extremen Dasein Berge versetzt haben, sollten genau wissen, wann Schluss oder auch Pause ist. Diese müssten es lassen, auf Satan komm raus weiterzumachen. Aber das ist nur meine Meinung.

Die neuen Leute konnten ja nix dafür. Das Interview im Tour-Bus brachte die nötigen Infos über die Hintergründe, den richtigen Spaß und den Einblick in Plastikwannen voller Schnapsflaschen. An Groupies mangelte es bei Mantas,

Abaddon, Demotition Man und Co. auch nicht. Nichtsdestotrotz hatten auch wir eine Menge Spaß mit den Helden der Anfangszeit.

Wie die Zeiten sich schon wieder geändert hatten, zeigte sich viele Jahre später. Die Ur-Besetzung reformierte sich, feuerte noch einmal eine Riesen-Show auf dem DYNAMO-Festival in Eindhoven ab und war seitdem wieder verhältnismäßig fleißig. Der Kult der Band hatte vielleicht in der Cronos-freien Zeit einen kleinen Knacks erlitten, war aber bei weitem nicht verpufft.

Ach ja, Verzeihung, auf Tour waren natürlich noch ATROPHY und SACRED REICH dabei. Mit ersterer hatte Sascha einen kurzen Presse-Plausch. Ich erwischte zeitgleich Phil Rind von SACRED REICH mit meiner Fotokanone, wie er auf der Bühne mächtig von der Nebelkanone beschossen wurde. Sehr amüsant! Schon schade, dass die Band trotz ihrer Kultsongs wie „Surfing Nicaragua" oder auch „The American Way" nie so richtig durchgestartet ist. So ist es halt!

ATROPHY 1990

SACRED REICH 1990

VENOM 1990

VENOM 1990

VENOM 1990

# ANNIHILATOR

und die Geisterjäger

Die Türsteher im TOR3 zu Düsseldorf fragten zu der Zeit schon fast nicht mehr nach den Pässen, wenn sie uns mal wieder sahen. Da heute der Kollege Thomas an der Reihe war, schicke Fotos zu machen, genoss ich bei einer Runde Bier den Ausblick. Jeff Waters und seine Mannen waren unterwegs um ihr Album „Never Neverland" vorzustellen. Als Gäste mit dabei XENTRIX und DESPAIR. XENTRIX hatten zu der Zeit den Coversong Ghostbusters am Start, und das war es auch schon, was ich über sie zu der Zeit wusste. DESPAIR hatten zumindest für den Sänger ein Heimspiel. Thomas Henschel war vorher musikalisch in Düsseldorf unterwegs bei den Bay Area Thrashern APOSTASY. Das mussten wir uns selbstredend genauer anschauen, warum er das bloß tun konnte und diese coole Truppe verließ. Die Dortmunder Kapelle DESPAIR um Waldemar Sorychta, der später mit Dave Lombardo von SLAYER das Projekt GRIP INC. wachsen ließ, konnte heute jedoch nicht so wirklich abräumen.

XENTRIX hatten es nicht wesentlich leichter. Mit dem ebengenannten Coversong brachten sie dann doch die Meute nur kurzfristig auf ihre Seite.

ANNIHILATOR hieß heute das Zauberwort. Die Bude stand Kopf und die erlebte Präzision und Spielfreude war vom Feinsten. In der Zeit galt ihre Produktion „Never Neverland" als ziemlich steril. Heute sind solche Produktionen Alltag. Damals war es sagen wir mal gewöhnungsbedürftig, so einen Sound zu hören. Live kamen die Songs aber hammermäßig rüber.

# CLASH OF THE TITANS

## TITANS

- ohne mich!

Bei einem Redaktionstreffen war Saschas Euphorie auf dem Höhepunkt, da er an dem Tag erfuhr, dass seine Interviewanfrage bezüglich MEGADETH, beim heute längst legendären CLASH OF THE TITANS-Festivals bestätigt wurde. Eine Seltenheit, wie er berichtete. Ein so kleines Fanzine und eine so große Band trafen normalerweise nur selten aufeinander. Ich für meinen Teil war bei solchen Zusagen eigentlich auch eher skeptisch. Ich wollte aber seine Laune nicht verderben und schwieg.

Am 06. Oktober 1990 rief mich Sascha dann an:
„Pack deine Fotosachen ein Holli, wir haben tatsächlich das Interview. Das findet im Interconti-Hotel um 14:00 Uhr statt." Gesagt, getan.

Die Hotellobby des Intercontinental Hotels wirkte wie eine Welt von einem anderen Stern. Die gehobene Absteige präsentierte sich entsprechend ihres Rufes. Feinste Möbel in der Rezeption und sichtlich betuchte Gäste in teurem Zwirn flanierten durch die Empfangshalle. Irgendetwas passte hier jedoch nicht. Vielleicht die Blicke der Gäste, als sie uns zwei „langhaarigen" Zottel in Lederjacken dort sahen? Oh nein, wir hatten keine Wirkung mehr, denn hier tummelten sich bereits jede Menge anderer, die wie wir waren.

Diese Menge an schwarzgekleideten Metallern in diesem hellbeigen Ambiente hatte was Skurriles. Sascha steuerte direkt auf den verantwortlichen Promoter zu. Dieser teilte ihm mit, dass er gleich ein Interview mit Marty Friedmann hätte. Sascha diskutierte noch kleinlaut, aber dennoch bestimmt mit dem Typen. Als der verschwunden war, meckerte Sascha, was das Zeug hielt. Man hatte ihm ein Interview mit Dave Mustaine zugesagt. Also mir war das sowas von egal. Hallo, ein Gespräch mit dem Gitarrengott Friedmann ist doch genauso gut. Tja, aber der Chef hatte seine Fragen auf Mustaine zugeschnitten und war stinkig. Ich hielt mich geschlossen, genoss den Anblick und das Interview mit einem meiner Helden. Zu erwähnen sei, dass ich selbst Gitarre spielte. Mein Können war im Vergleich aber nicht weiter von Belang.

Marty Friedmann war noch nicht so lange in der Band und so tendierten die Antworten auch meist Richtung Gitarrenarbeit. Nick Menza, der MEGA-Drummer, gesellte sich in die Frage-Runde und so entschärfte er die gitarrenlastigen Antworten. Die offizielle Fragerunde endete zwar nach den vorgegebenen zwanzig Minuten, aber Marty, Nick und Sascha sabbelten anschließend noch munter weiter über Gott und die Welt.

Unsere Blicke fielen plötzlich auf ein extrem nobel wirkendes Paar in der Lobby. Die Gäste des Hauses benahmen sich so, wie sie aussahen. Überkandidelt, wie es im Buche steht. Nicht nur wir drei waren fasziniert von diesen Vögeln. Das Pärchen in fortgeschrittenen Alter stolzierte Richtung Aufzüge. Ein Aufzug kündigte sich mit einem Signalton an. Die blankpolierte Tür schob sich zur Seite und dann war es passiert. Synchron und mit angewidertem Gesichtsausdruck sprangen die beiden mit einem Satz zurück, als hätten sie den Teufel selbst gesehen. Dabei war es nur: Dave Mustaine!
Mit „wehendem" Haar wandten sie sich ab und düsten zum

nächsten Aufzug, der rettend seine Pforten geöffnet hatte. Der komplette Verein der metallischen Kollegen lag vor Lachen unter dem Tisch und Daves Blick sprach Bände.

Wie sehr sich die „Rockstars" von MEGADETH an der erstklassigen Küche des Hotels erfreuten, zeigte sich als Marty sich nach einem richtigen Fritten-Tempel erkundigte. Wir kannten uns in dem Viertel gut aus und boten an, zusammen speisen zu gehen. Auch Nick Menza schloss sich gleich der Wanderschaft an. Jetzt spazierte ich schon mit solchen bekannten Größen durch die Stadt. Vorgestern noch Metal-Fan und Feierabend-Gitarrist und nun das. Crazy!

Marty Friedman und Nick Menza 1990

Während unseres Smalltalks mit den Beiden im Nikolaus-Grill überquerte ein paar Meter weiter eine Mutter mit ihrem kleinen Töchterchen die Straße. In dem Moment lief ein ca. 40 kg schwerer Rottweiler hinter den beiden her und schnappte sich das Hosenbein der Kleinen. Die Mutter zog das Kind in die Höhe, aber das Tier ließ nicht locker. Im gleichen Moment raste ein erwachsener junger Mann in Richtung des Hundes und schaffte es kurzer Hand, den Hund mit ein paar Tritten gegen die Flanke dazu zu bringen, loszulassen. Der verstörte Hund suchte das Weite. Mutter und Kind ebenso, allerdings in eine andere Richtung. Der eigentliche Besitzer war immer noch nicht zu sehen, denn der junge Mann war es nicht. Das Ganze hatte nur wenige Sekunden gedauert und wir vier saßen da mit offenen Mündern. War schon irgendwie heftig.

Aber: Der Hund wollte echt nur spielen!

Mit den aufregenden Momenten an diesem Tage war es damit aber noch nicht vorbei.

Abends an der Philipshalle kam dann die harte Hand der Realität zu uns zurück. Kein Foto-Pass an der Abendkasse! Sascha machte ein Tänzchen und zeigte mir, dass man sich nicht so schnell abwimmeln lassen sollte. Der Promoter kam rausgehechtet. Er machte uns klar, dass wir gerne das Konzert sehen dürfen, aber der Foto-Pass leider nicht ginge. Er wollte uns so mit reinnehmen und wir mussten uns direkt entscheiden. Da hatte der liebe Fotoonkel, also ich, ein kleines Problem. Die wertvolle Tasche mit all den Knips-Utensilien war im Weg. Die durfte nicht mit rein. Kein Auto dabei und keine Möglichkeit, die Sachen sicher unterzubringen. Der Typ zeigte auf seine Uhr. Somit ging Sascha zum Konzert und ich...

...nach Hause!

Zu der Zeit nicht flüssig, verließ ich mich leider auf den freien Eintritt heute. Fieses Lehrgeld war das. Ganz fies. Ich hab das legendäre CLASH OF THE TITANS nicht gesehen. Und das passierte mir, der sonst überall dabei war. So etwas geschah mir nie wieder.

# MEKONG DELTA

## Der Verwandtenschreck

Wie die Zeiten sich doch ändern. Erwies sich 1990 noch die Langspielplatte von MEKONG DELTA als wahre Wunderwaffe, um lästige Verwandte aus der Bude zu vertreiben, so funktioniert das 2014 kaum noch. Heute hören die Schwiegereltern NIGHTWISH oder AC/DC beim Kaffeetrinken. Zu meiner Zeit war das eher ein Grund, ins Heim gesteckt zu werden, wenn man es mit dem lautstarken Hören der Teufelsmusik im Kinderzimmer übertrieb.

MEKONG DELTA's Art Klassik mit Thrash zu verbinden, hatte es bis dato nicht gegeben. Um die Besetzung der Band wurde anfangs aus vertraglichen, oder besser gesagt aus Promotion-Gründen ein großes Geheimnis gemacht. Heute gaben sie eins ihrer sehr seltenen Gastspiele. Sänger Doug Lee setzte das Konzept dabei perfekt um. Auch wenn ich heute im TOR3 nicht knipsen durfte, so war das Konzert ein sehr spezielles.

Beim anschließenden Interview plauderte der Gitarrist Uwe Baltrusch über ihre schrägen klassischen Einflüsse russischer Komponisten, wie Modest Musorgsky und Co.

Mittlerweile ist bekannt, wer dort neben Bandboss Ralf Hubert, der als Björn Eklund auftrat, unter anderem noch so spielte. Am Schlagzeug Uli Kusch (GAMMA RAY, HOLY MOSES) als Patrick Duval für die Nachfolge von Jörg Michael (RUNNING WILD) als Gordon Perkins.
Auf alle Fälle einer der bis heute außergewöhnlichsten und unterbewertesten Truppen aus Deutschland.

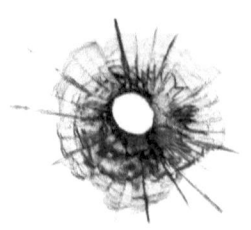

# Fortschritt naht, oder:
# Der Rausch der Technik

Langsam kam eine gewisse Regelmäßigkeit in unsere Freizeitbeschäftigung. Wenn gerade keine Konzerte zu bereisen waren, schrieb man seine Reviews der zugesandten Promo-MCs oder -CDs.

Ich für meinen Teil hatte keinen Bock mehr auf diese altertümlichen Bastelstunden mit Klebestift und das miese Ergebnis des Druckbildes des Magazins. Schließlich macht man sich so eine Arbeit mit dem Inhalt und dann kann es keiner entziffern. Ich besorgte mir ein Programm für meinen Amiga 500, auf dem man Seitenlayouts erstellen konnte, und die erste moderne Welt war am Start. Na zumindest fast. Im Gegensatz zu heute noch immer das Grauen. Nach relativ kurzer Zeit war die erste Zeitungsseite fertig gestaltet auf meinem Bildschirm. Toll! Sieht, glaube ich, gut aus. Nur wie bekomme ich die den jetzt da raus? Wie soll ich das Ergebnis prüfen? Die Druckqualität bzw. Kopiervorlagen sollten ja besser werden. Also informierte mich in Fachzeitschriften und in Fachgeschäften und wurde fündig. Ein 24 Nadeldrucker mit erträglich hoher Auflösung von 300 dpi. Ein Traum für 500,- DM. Autsch! Die Schwarz/Weiß-Laserdrucker lagen zu der Zeit bei dem gut dreifachen Preis.

Für einen Azubi im Jahre 1991 scheiß viel Geld. Egal, ich hatte Spaß an meinem neuen Hobby und kaufte den Hobel.

Heutzutage rasten wir PC-User gern schon aus, wenn die Internetverbindung mal für ein paar Sekunden zäh ist. Zu Zeiten des Commodore Amiga 500 mit 2 MB Arbeitsspeicher sah das noch ganz anders aus. Ausrasten konnte man sich sparen, denn es nutzte nichts. Um eine Seite mit Text und ein paar Grafiken, aber ohne Fotos auszudrucken, durfte man bei immenser Lärmentwicklung gute 25 Minuten auf das Ergebnis warten. Die ersten beiden Seiten wartet man aus Neugier noch brav neben dem Nadler ab. Dann aber wurde der Schmerz im Ohr größer und man musste raus. Also ab in die Frittenbude gegenüber und gemütlich speisen.

Das hat meist funktioniert, es sei denn der Arsch von Drucker hatte mittendrin das Papier schief eingezogen. Aber...

...wer es schön haben will, muss leiden, oder wie heißt das Sprichwort noch gleich?

Hollis Amiga Hightech Büro 1991

# DEICIDE

und die Staatsgewalt

„Die Feindesstadt ruft wieder", scherzte Sascha eines Abends am Telefon.

„Es geht nach Köln, DEICIDE und MESSIAH spielen." So eine geile Band im Rose-Club? Das wird sicher übervoll, dachte ich so bei mir. Als wir dort eintrafen, stand die Tür offen und keine Sau war zu sehen. Das Mädel, das schon bei MORGOTH als Promoterin am Start gewesen war, lief uns entgegen. Im Schlepptau: Glen Benton. Der sichtlich angepisste DEICIDE - Sänger röhrte wie ein Derwisch mit einer dermaßen tiefen Stimme im Raum herum, dass man Gänsehaut davon bekam. Die Promoterin hielt so gerade noch dem Wind aus seinem Hals stand. Dann verließ der Frontmann mit wehendem schwarzem Haar und seinem eingebrannten, umgedrehten Kreuz auf der Stirn den Club. Die Gitarristen von DEICIDE standen mit ernster Miene im Hintergrund und schauten ihrem Master hinterher. Sascha erkundigte sich bei den beiden Death-Metallern.
„Where is Glen going?"
„He´s going to kill someone!", antwortete einer der beiden.

Mit einem Schmunzeln im Gesicht erzählten sie uns dann, warum hier der Haussegen schiefhing. Der Tour-Bus wurde mit samt dem Equipment an der Grenze festgehalten . Da es schon 19 Uhr war, befürchteten die Beteiligten, das Konzert absagen zu müssen. Das sollte sich nach einem Anruf im Club-Büro wenige Minuten später bestätigen. Der Bus war wegen Drogenverdachts immer noch an der Grenze im Visier der Staatsgewalt. Somit „No show tonight!"
So eine Sch.... Ab nach Hause.

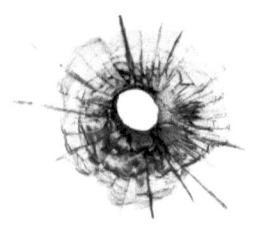

# Der Messiah legte einfach auf

Die verrückten Wochen nahmen kein Ende. Skypen konnte man ja damals noch nicht. Wenn also die Fragen an den Rockstar deines Vertrauens gehen sollten und dieser nicht um die Ecke lebte oder in der Nähe auf Promo-Tour verweilte, dann hieß es: Telefoninterview. Die Plattenfirma hatte richtig was zu tun damit. Beide Seiten zum selben Zeitpunkt abends an eine Leitung zu bekommen, war im Gegensatz zur Jetztzeit im Jahr 2015 eine logistische Leistung. Schließlich durfte das den Interviewer ja nichts kosten. Zwanzig Minuten mit den USA telefonieren bedeutete normalerweise damals selbst abends direkt mal ca. 60 D-Mark. Na, Mahlzeit!

Sascha hatte das Vergnügen, die - sagen wir mal - abgedrehte THE GREAT KAT am Telefon zu befragen. Die Violinistin hatte ihr Können auf die Gitarre übertragen und mit dem Videoclip METAL MESSIAH für Aufsehen gesorgt. Während ihrer forschen Presseauftritte hatte sie damals bereits so viel fragwürdiges Zeug von sich gegeben, dass man sie schon für ziemlich bekloppt hielt.

Als beim besagten Telefontermin dann Sascha nach der Begrüßung bei ihr nur eine kurze kritische Anmerkung über ihr Auftreten hinterfragte, war es schon passiert. Tuuut. Ein günstiges Telefonat für das Plattenlabel. Die schräge Gitarristin hatte nach einem kurzen „Fuck you" einfach aufgelegt.

Heutzutage würde das Mädel keinen mehr schocken mit ihrer Art. Damals galt sie als crazy. Im Nachhinein gesehen hat sie nur ein ausgeprägtes Selbstbewusstsein. Peng!

Telefon vom Chef

# KREATOR

## und der böse Chuck

Wenn es denn sein muss, dann machen wir „Fanziner" und „Fanzinerinnen" auch weitere Reisen, um dem Leser was Nettes zu bieten. Diese Fahrt führte uns nach Osnabrück in die Halle Gartlage. Hier hatten sich anlässlich ihrer Tour KREATOR, DEATH und PROTECTOR eingenistet, um einige Köpfe in Bewegung zu bringen. Über irgendwelche Umwege hatte Sascha Kontakt zu dem Bühnendesigner der Tour. Dieser war sehr daran interessiert, den Bühnenaufbau auch vor der Show für seine Referenzmappe abgelichtet zu sehen. Das erledigten wir beziehungsweise ich doch gern nebenbei.

Während sich unser nächstes neues Team-Mitglied Diana daran machte Mille von KREATOR über das eine oder andere Neue auszuquetschen, knipste ich die Aufbauten der Bretter, die heute die Welt bedeuteten.

Eine Stunde später war die Halle mehr als gut gefüllt und PROTECTOR gaben den Opener ganz im Zeichen des 80er-Geknüppels. Wie für die erste Band des Abends üblich war auch schnell wieder Schluss damit. So ein halbes Stündchen ist halt schnell rum. Auch wenn es gut ankam.

Im Vorfeld der Tour hatte es schon viel Zirkus um den DEATH – Chef Chuck Schuldiner (R.I.P) gegeben, der partout nicht auch Tour wollte. Nach langem Hin- und Her zog der Rest der Band einfach ohne ihren Boss los auf die große Reise. Total bekloppt!

So ging das Licht aus und DEATH standen mit Ersatz-Sänger Rodney Dunsmore von DEVASTATION da und wetterten nach der Begrüßung munter über den Master und Inbegriff dieser Band. Sie stimmten „FUCK CHUCK - Chöre" an und die Masse folgte. Was blieb, war ein Gig ohne Seele.

KREATOR zeigten an dem Abend, was eine Essener Keule ist. Best of natürlich und eine gesunde Brise neuer Stoff des Albums „Coma of Souls".

PROTECTOR 1990

DEATH 1990

FANS 1990

FRANK BLACKFIRE 1990

KREATOR 1990

MILLE PETROZZA 1990

# MOTÖRHEAD

und die Flucht vor Animal Taylor

Das letzte Abenteuer in die Welt der großen Stars um das Desaster des verpassten CLASH OF THE TITANS-Festivals saß mir doch noch in den Knochen, als Sascha mich anrief.

„Hey Holli, wir haben ein Interview. Rate mal, mit wem!"

Ich hatte wenig Lust auf Ratespiele. Bei der hohen Anzahl an Konzerten wäre ich eh nicht draufgekommen.

„Keinen Schimmer!"

„Halt dich fest. Mit MOTÖRHEAD!"

„Ja, ja, ist klar!", dachte ich laut. Sascha holte gar keine Luft mehr, so begeistert war er. Ich hätte auch sofort Schnappatmung bekommen, wenn da nicht das kürzlich Erlebte präsent gewesen wäre. Aber man ist ja lernfähig. Wir besprachen, dass wir auf alle Fälle ein Auto mit zur Philipshalle nehmen wollten, damit ich im Notfall meinen Krempel dort deponieren konnte.

Eine Karte für das Konzert hatte ich ebenfalls schon in der Tasche. Also war für alle Eventualitäten vorgesorgt. Nicht das ich MOTÖRHEAD bis dahin noch nie gesehen hätte. Ganz im Gegenteil:

23.08.1981 - 4th SUMMERNIGHT FESTIVAL in Darmstadt im Stadion am Böllenfalltor mit IRON MAIDEN, FOREIGNER, KANSAS, BLUE ÖYSTER CULT, 38 SPECIAL, TANK und BLACKFOOT

09.12.1981 - NO SLEEP TIL CHRISTMAS TOUR in Düsseldorf in der Philipshalle mit TANK

01.11.1982 - IRON FIST TOUR in Düsseldorf in der Philipshalle mit KILLER

27.12.1984 – CHRISTMAS METAL MEETING im Pink Palace in Essen mit MERCYFUL FATE, TALON, GIRLSCHOOL, HELIX

30.03.1986 – EASTER METAL BLAST in der Dortmunder Westfalenhalle 3 mit MANOWAR, EXCITER, LAAZ ROCKIT

28.12.1988 – NO SLEEP TIL 89 in Düsseldorf in der Philipshalle mit DESTRUCTION, CANDLE MASS, CORONER

Obendrein hatte Sascha neben der Zusage für das Interview auch einen Foto-Pass reservieren können. Ich musste mir eingestehen, dass ich am liebsten Luftsprünge gemacht hätte. Meine Langzeit-Heroes vor der Linse, alter Verwalter. Aber...
...ich unterdrückte die Freude. Die Enttäuschung, wenn etwas schief ging, wollte ich nicht noch einmal haben. Also redete ich mir brav ein, es würde ja sowieso nicht klappen.

Sascha begrüßte mich am Abend des Konzerts an der Halle. „Na, dann wollen wir mal!" Seine Skepsis konnte er aber auch nicht verstecken. So tigerte er schnurstracks Richtung Pressekasse und setzte sein bestes „Ich lass mich nicht abwimmeln"-Gesicht auf.

„Wir haben einen Interviewtermin und ein Foto-Pass sollte ebenso für uns hinterlegt sein. Für Sascha und Holli."
Geschäftig wühlte sich die Lady durch ihre Listen und Umschläge. Und sie wühlte... und wühlte... und wühlte...

und... „Ah, da ist es...“

Wie jetzt? Hatte sie „da ist es" gesagt? Kann ja wohl nicht sein. Sascha bekam den Umschlag und hielt das Kuvert so fest in den Händen, als wäre der Teufel hinter ihm her. Ich folgte ihm strammen Schrittes in eine sichere Ecke auf dem überfüllten Parkplatz. Er riss das gute Stück auf und seine Augen begannen zu leuchten. „Es hat geklappt, verdammt, jaaa!"

Schnell noch mit dem Verkauf meines Tickets einen Fan glücklich gemacht und los ins Gewühl. Okay, Gewühl ist übertrieben: Wenige Sekunden später hatten wir den Presseeingang passiert. Mit diesen Backstage-Pässen bekleidet waren wir plötzlich sowas von wichtig.

Jedenfalls spürten wir, wie hunderte Blicke auf unsere Jacken in Richtung der leuchtend bunten Klebe-Abzeichen wanderten. Es fühlte sich sehr geil an und manchmal erwischten wir uns dabei, wie die Brust schwoll und wir erhoben Kopfes unseren Hauptgewinn präsentierten. Tja, aber wir waren ja nicht nur zum Vergnügen hier. Wir hatten zu arbeiten. Also nichts wie los Richtung rechtem Bühneneingang zur nächsten Hürde. Zu den netten Herren der Security! Diese waren in den 80ern noch ein ziemlich rauer Haufen.
Sie ließen uns mit berufsbedingt fieser Miene passieren und gaben uns trotzdem das Gefühl, nicht erwünscht zu sein. Unfassbar, hier war ich noch nie in meinem Leben. Nach so vielen Konzerten in dieser riesen Hütte endlich mal dorthin, wo sonst nur die Stars und ihre Crews Zugang hatten.

Aaaah!!!

Hinter der nächsten Tür endete die Dunkelheit der Halle und das Zuhause der Rockstars erstrahlte. Ein schneller Blick und alle Personen in den Gängen des hellen Backstage-Bereiches waren nach „kenn ich" und "kenn ich nicht" gescannt. Sascha fragte sich zum Promoter durch. Dieser entpuppte sich als sehr nette junge Dame. Das Gespräch zwischen den beiden konnte ich bei dem lauten Gerede in den Gängen nicht hören. Sascha winkte mich zu sich.

„Wir haben ein Interview mit MOTÖRHEAD, ich flipp aus!" flüsterte er mir ins Ohr. „Mit Phil Campbell!"

Diesmal war keine Spur davon zu erkennen, dass ihm sein Interviewpartner nicht zusagte, wie kürzlich bei MEGADETH. Ohne Murren folgten wir den Rufen der Promoterin in einen der Garderobenräume, an dem eins der Logos prangte, das zweifelsohne das Logo Nr. 1 in der Rock'n' Roll und Metal-Welt zu bezeichnen ist. Der MOTÖRHEAD-KOPF!

Das altertümliche Diktiergerät mit Musikkassette war schnell auf dem Tisch positioniert und auf Funktionalität geprüft. Die Fragen auf einem Spickzettel notiert. Die Aufregung unter Kontrolle gebracht. Tädää!
Ein sichtlich gut gelaunter Phil Campbell betrat den kleinen, spärlich eingerichteten Raum. Sascha und meine Wenigkeit wussten bis dahin noch nicht, dass uns Phil, so redselig wie nur was, ganze 45 Minuten seiner Zeit schenken würde. Als erstes schob er einen Schwung Bier Dosen auf den Tisch. Wir

ließen uns natürlich nicht zweimal bitten die Dinger leer zu saugen.

Sascha war in seinem Element. Es war schon erschreckend für mich, dass ein fast zehn Jahre jüngerer Typ mich in Englisch so in Grund und Boden reden konnte. Von Frage zu Frage schwoll dann auch noch meine Blase auf ein vielfaches ihrer Ursprungsgröße an. Doch es gab keinen richtigen Augenblick dieses coole Frage-Antwort-Spiel zu unterbrechen.

Natürlich wollte ich kein Wort dieses Treffens verpassen. Irgendwann, als ich schon Pippi in den Augen spürte, hatte ich Phil dann doch gefragt, wo denn die Örtlichkeiten seien.
Der kannte sich in der Philipshalle ja nun genauso gut aus wie ich und so schickte er mich rechts in Richtung der sogenannten Stargarderoben. Hier befand sich selbstredend auch eine Toilette. Allerdings nicht die für den Pöbel, ähäm die Gäste.

Ich sah nur das WC-Symbol neben der Tür und so trat ich schnellen, blasengetriebenen Schrittes ein. Dort erwartete mich allerdings nicht der Topf meines Vertrauens, sondern ein etwas fies dreinschauender Philthy „Animal" Taylor, seines Zeichens Drummer von MOTÖRHEAD. Der stand gerade am Spiegel und versuchte, Herr seiner Haare zu werden.
Ich dachte nur: „Gleich kommt die IRON FIST, mitten ins Gesicht."

Mir war schnell klar, dass er eine Erklärung für mein unverschämtes Eindringen verlangte. In Sekundenschnelle

schossen Worte aus meinem Mund, die zu den wenigen
gehörten, die ich in der englischen Sprache parat hatte.
„Sorry, the toilet?"

Mit einer passend animalischen Geste flog seine rechte Hand
(nein nicht Faust) mit samt Zeigefinger in Richtung Ausgang.
„On the right side, man!", donnerte es in meinem Gehörgang.
Ich wollte schließlich nicht nur nicht weiter stören, sondern
endlich entsaften. Also düste ich mit einem in den Gang
gerufenen „Thank you and sorry" los. Mr. Taylor schoss
hinter mir her. Dann knallte hinter mir die Tür ins Schloss
und so bekam ich genügend Rückenwind, um dann doch
mein richtig zugewiesenes Urinal zu begatten.

Wie eine Ewigkeit war mir das Erlebnis vorgekommen. Dabei
waren keine drei Minuten vergangen. Daher hatten die beiden
mich auch nicht vermisst und so redete Phil Campbell immer
noch mit Sascha um die Wette bis...

...die Promoterin im Türrahmen stand und unmissverständlich
klarmachte, dass Finito war. Zeit für das geplante Foto-
shooting, wo Phil anzutanzen hatte. Dies fand im Nebenraum
für die Presse statt. Oh, da wurde mir klar: Ich war ja von der
Presse.
Phil bedankte sich bei uns für die angenehme Plauderstunde
und lud uns zwei ein, ein paar Tage später nach Frankfurt in
die Messe/Kongresshalle zu kommen. Mit Fotolizenz!
Was war los heute? Mein Puls stieg. Ist etwa schon wieder
Weihnachten? Wir nahmen selbstredend dankend an, obwohl
nicht ganz klar war, wie wir dort hinkommen sollten. Phil
instruierte die Promoterin über seinen Wunsch und sie nickte

PHIL CAMPBELL 1991

professionell abgeklärt.

Im Nebenraum tummelten sich derweil die neuen Kollegen der Presse vor einer weißen Leinwand, die extra aufgebaut worden war. Und da war er. Lemmy!

Man steht nicht oft vor seinem Idol. Man steht nicht oft vor einer solchen Größe. Erstaunt war ich dann doch, als ich meinen Kopf deutlich senken musste, um in sein Gesicht sehen zu können. Dabei bin ich gerade knapp einen Meter neunzig groß.

Trotzdem, es war ein erhebendes Gefühl, jetzt und hier zu

sein. Mr. Taylor hatte sich natürlich längst wieder beruhigt und die anderen Spießgesellen waren auch alle gut drauf.

Dann ging alles sehr schnell. Fünf Minuten für Fotos von der Band. Dann wurden wir mit dem Rest der Herde wieder freundlich aus dem Backstage – Bereich befördert. Okay, die Band musste sich ja schließlich auf die Show vorbereiten.

Die Vorband dieser Tour hatten wir verpasst. Das war uns aber egal. Der Oberknaller für mich als frischgeschlüpften Presse-Fotografen ohne jegliche Ausbildung sollte nun noch folgen.

Ich durfte mit dem Pass tatsächlich an einen Platz, den ich mir

MOTÖRHEAD DÜSSELDORF 1991

nie zu erträumen gewagt hatte. Den Fotograben. Was für ein riesen Teil. Unmengen an Sicherheitsleuten warteten in Halb-Acht-Stellung auf ihren Einsatz, die fliegenden Fans aufzufangen und wieder nach draußen zu befördern. Das Licht ging aus. Die mannshohen Basswürfel bebten unter der Bühne um die Wette und MOTÖRHEAD gaben nach dem obligatorischen „WE ARE MOTÖRHEAD AND WE PLAY ROCK'N ROLL" ein weiteres Stelldichein. Auf Kommando ließen uns die Preisboxer-Typen in den Graben. In einer Zeit in der man gewaltige 36 Bilder mit einem Roll-Film machen konnte, keinen Blitz benutzen durfte und nur drei Lieder Zeit hatte zu knipsen, ließ es einen schnell frustriert sein. Da stehst du mal an so einem Platz und dann haste nicht genug Geld gehabt, dir noch mehr Filme zu besorgen.

Die Angst, dass die Bilder nix geworden sein könnten, machte mich schon während des Aufenthalts wahnsinnig. Tja, was das angeht: ein Hoch auf die heutige digitale Welt mit der direkten Kontrolle vor Ort.

Nach dem bitteren Ende des dritten Songs trieben uns die angemieteten Wandschränke aus der ersten Reihe und somit in die Halle zu den anderen 5.000 Fans. Zu dieser Zeit war ich noch als schüchterner Bursche unterwegs. Ich wagte es nicht, aus der Menge heraus noch Fotos zu schießen, da ich schon den ganzen Abend sah, wie derbe die Sicherheitskräfte mit unartigen Besuchern umgegangen waren. Wir genossen also „nur" noch das Konzert. Mit einem Rasseln in den Ohren, das so laut war wie das Klingeln eines altmodischen Weckers, ging der geilste Tag meines Lebens zu Ende. Hoffentlich waren die Bilder was geworden!

Nach ein paar Tagen war es sicher: Die Bilder waren für meine Möglichkeiten und mein Können gut geworden. Und ich sollte ja noch eine neue Gelegenheit in Frankfurt bekommen. Das hieß: Kredit bei Muttern machen und 1000er Filme kaufen. Mit diesen Filmen, so sagte mir im Graben eine Fotokollegin, könne man ohne Blitz gut arbeiten. Sollte man auch meinen bei gut zehn D-Mark das Stück, würg!

Die paar Tage gingen schnell ins Land. Mit dem alten geliehenen VW Passat von meinem Kumpel düsten wir ab nach Frankfurt am Main. Zum Glück war es Samstag und wir konnten zeitig genug fahren.

Der befürchtete Stau blieb aus und unsere Ankunft im Messe-Areal in der Finanzmetropole erwies sich als viel zu früh. Alles wie ausgestorben. Neben der Messe türmten sich Häuser in den Himmel, die ich live und in Farbe so noch nicht gesehen hatte. Wenn man im Bankenviertel direkt vor einem dieser Wolkenkratzer steht und seinen Blick langsam nach oben schweifen lässt, erschlägt es einen regelrecht. Meine nicht vorhandene Schwindelfreiheit tat ihren Rest und ich wäre fast hinten über gefallen. Dabei war ich nüchtern.

Wir hatten Zeit für einen Spaziergang. Der Kohldampf trieb uns bei der Suche nach der nächsten Futterstation an. Doch das Hochhaus-Viertel endete einfach nicht. Und kulinarisches, geschweige denn anderes Leben, suchten wir hier vergebens. Was für eine Lauferei. Doch endlich kam das Schild: Richtung Hauptbahnhof. Dort gab es sicher was zu kauen. Scheinbar irrten wir zu ziellos durch den Bahnhof und unser Aussehen tat seinen Rest dazu. Die Herren von der Polizei sprachen uns an:

„Können wir eure Fahrkarten sehen?"

„ Nee, wir wollten nur..."

Wir hatten noch nicht ganz zu Ende gesprochen, da tönte der finster blickende Beamte:

„Wenn ihr keine Fahrkarten habt, dann bitte raus aus dem Bahnhof ... jetzt sofort ... bitte!"

Schon standen wir wieder, ohne was gegessen zu haben, auf der Straße. Was für ein Mist. Wir waren doch keine Junkies auf der Suche nach einer Nadel, verdammt. Diese sinnlose Tour hatte uns eine Menge Zeit gekostet. Wir mussten zurück.

Eine Frittenbude auf dem Vorplatz an der Konzerthalle, die mittlerweile geöffnet hatte, rettete uns dann das Leben. Sascha zog los, um sich frühzeitig um die hinterlegten Geschenke zu kümmern. Der Vorplatz füllte sich. Heute sollten neben dem Tour-Support CYCLE SLUTS FROM HELL auch die Lokalmatadore von TANKARD aufspielen. Ich wusste über CYCLE ... immer noch nichts Genaues, da wir sie ja verpasst hatten. Googlen ging auch nicht, denn das gab es noch nicht. Es war nur bekannt, dass Ex-OVERKILL Gitarrist Bobby Gustafson dort spielen sollte.

Sascha jedenfalls kam und kam nicht wieder. Da war es wieder das blöde Gefühl. Sollten wir 230 Kilometer umsonst gefahren sein? Hatten sie uns einfach wieder von der Liste radiert?

Doch da ... da war Sascha. Zwischen den mittlerweile Massen von Fans wieselte er sich, flink wie immer, hindurch. Und ja, er hatte kein Gesicht, als hätte er Spinnen gefressen. Er schien guter Dinge.

„Es war wieder mal ein Kampf, an die Chefin zu kommen, aber du kennst mich ja. Ich hab die Pässe." Der Abend war gerettet.

Die Festhalle war schon mit ein paar Tausend Interessierten sehr gut gefüllt, als wir endlich in der Menge standen.

TANKARD waren schon voll im Gange und frönten ihrem Heimspiel. Die ersten drei Songs waren fast abgelaufen und somit hieß es für mich: Nur noch Zeit für zwei Fotos! Danach eine Tasse Bier in den Kopf geschüttet und am Merchstand noch kurz die Lage gepeilt, was es so Schönes zu ergattern gab.

In der Pause sah Sascha Phil Campbell im Sichtfeld des Backstage-Bereiches und machte sich bemerkbar. Er kam an den Zaun und begrüßte uns. Nach zwei Sätzen Smalltalk pfiffen ihn aber seine Leute wieder in die abgegrenzte Welt. Tja, so ist es halt. Das Licht ging aus. Arbeit!

TANKARD 1991

CYCLE SLUTS FROM HELL – und ich im Graben. Diese Art von Band hatte ich bis dato noch nicht gesehen. Eine Metal-Band mit Sängerin. Nein, natürlich nicht mit "einer" Sängerin, sondern mit gleich vier Sängerinnen! Vier Motorrad-Schlampen aus der Hölle. Ja, der Name war Programm. Mein Fotoapparat lief heiß und die Masse schien sichtlich verdutzt über diesen Anblick. OVERKILL verloren zu der Zeit ihren Gitarristen Bobby Gustafson und die Mädels hatten mit ihm einen weiteren Hahn im Korb. Der hatte dabei sichtlich Spaß auf der Bühne.

Was Arbeit doch für einen Spaß machen kann erlebten wir beide heute hier ausgiebig. Bevor jedoch die MOTÖRHEAD 1916 „Lights out over Europe"-Tour ihrem Namensgeber die Bühne freigab, konnte Sascha auch noch ein wenig Arbeit mit

BOBBY GUSTAFSON 1991

zurück nehmen. Ein Interview mit den New Yorker Mädels bescherte ihm einen tippreichen Abend zu Hause. Der gesamte Eindruck der Mädels, äh der Band, hatte mich derweil quasi dazu gezwungen ein Baseball-Cap der Band zu erwerben. Männer!

Dieses Cap hatte mich noch viele Jahre begleitet, bis es schließlich auseinandergefallen war. Das geliehene Auto meines Kumpels hatte uns die Chance gegeben, unkompliziert dieses Konzert zu erleben. Genauso hat dieses Auto uns bzw. eher mir aber auch seine Zwänge auferlegt. Kein Suff. Lemmy und Co. hatten aber ungewöhnlicherweise Bock auf Party nach der Show. Das Ziel: SPEAK EASY, Frankfurter Altstadt. Und ich... ich durfte nicht trinken, da das Auto noch am Abend zurück sein musste. Man kann halt nicht alles haben.

Also ab in die hessische Metal-Höhle mit dem ganzen Tour-Tross. Auch ohne Sprit ein wahres Erlebnis, was ich nie vergessen werde. Abschließend fand ich noch heraus, dass MOTÖRHEAD nur, um dieses Album „1916" zu promoten, dezente einhundert Konzerte in gut einem Jahr gespielt hat. Klingt schon fast nach Fließbandarbeit. Gut, eine Arbeit, die Spaß macht. Ich dagegen habe in den Bands meiner Musikerlaufbahn bis dahin gut zehn Jahre gebraucht, um diese Zahl zu erreichen.

CYCLE SLUTS FROM HELL 1991

VENUS PENIS CRUSHER

HONEY 1%'er

SHE- FIRE OF ICE

QUEEN VIXEN

WURZEL & LEMMY 1991

LEMMY KILMISTER 1991

PHIL CAMPBELL 1991

WURZEL 1991

# JUDAS PRIEST

## The Priest is back!

Dieses hochkarätige Line-Up der Painkiller-Tour war Grund genug, auch ohne Foto-Aktivität und Terminen in die Grugahalle nach Essen zu fahren. Wenn man dafür auch noch nix bezahlen muss, dann ist das ja auch fein, nicht wahr? JUDAS PRIEST hatten dieses hammermäßige Album nach, beziehungsweise während diesem irrsinnigen Gerichtsprozess geschrieben, dem sie ungerechtfertigterweise ausgesetzt wurden. Hierbei hatten sich zwei US-Jugendliche selbst im Kinderzimmer getötet. Dummerweise lag die Platte von JUDAS PRIEST auf dem Plattenteller in dem Raum des Geschehens.

„Beyond the realms of death" wurde der Band fast zum Verhängnis, da die Ankläger glaubten, auf dem Album rückwärts gesprochene Satansbotschaften zu hören. Was für ein Scheiß! Diese Farce schlug sich auf die Gemüter der Band nieder und schuf so ein Meisterwerk par exellence. Das restliche Billing des Abends drückte dem Konzert einen mächtigen Stempel auf. ANNIHILATOR waren der ideale Anheizer und die angehenden Senkrechtstarter PANTERA gaben ein Deutschland-Debüt vor dem Herrn.

„The Priest is back!" Der Spruch von Rob Halford hatte noch nie so eine Wirkung erzielt wie an diesem Abend. Diese Show: der absolute Hammer für die Ewigkeit.

# MEGADETH

## ALICE IN CHAINS ERLAUBT!

Eine besondere Art der Blödsinnigkeit empfand ich immer dann, wenn die Erlaubnis zu fotografieren nach Bands getrennt wurde. Es konnte also durchaus passieren, dass man von mehreren Bands an einem Abend nur eine fotografieren durfte.

Die mit Filzschreiber auf den Klebepässen gekritzelten Unterschiede waren meist schwer zu lesen. So hatte man manchmal das Glück, dass die Security den Unterschied im Dunkeln nicht erkannt hat. Heute war das jedoch nicht so. Bei ALICE IN CHAINS durfte ich fotografieren, bei THE ALMIGHTY nicht wirklich und bei MEGADETH erst recht nicht. Aber nicht mit Holli. Wozu ist man geübter Konzertgänger und hat außerdem ein Tele-Objektiv am Start? Also rein ins Getümmel, wo kein Sicherheitspersonal hinkommt. Einfach schnell ein paar schicke Live-Bilder der kompletten Bühne. Auch geil. Mit der Zeit wird man eben dreister und findet seine Wege an seine Motive zu kommen. Meine Güte, schließlich will man doch nur Werbung für die Bands machen.

THE ALMIGHTY 1991

ALICE IN CHAINS 1991

MEGADETH 1991

# RUNNING WILD

## und der schreckliche Sven!

Was die Hallengrößen anging, war dieses Jahr wohl das erfolgreichste für RUNNING WILD in Deutschland. Als Headliner in der Philipshalle, das war schon eine Nummer! Als Gäste hatten Rock'n Rolf und seine Piraten CROSSROADS und RAVEN im Gepäck. CROSSROADS hatten es zwar nicht leicht als Anheizer, konnten aber durchaus Achtungsbeifall erzeugen. Die Gallagher Brüder von RAVEN dagegen spielten ihre Erfahrung voll aus. Total durchgeknallt, aber auf den Punkt präsentierten sie ihr "Live at the Inferno".

Entsprechend der Hallengröße hatten RUNNING WILD auch eine nette Lightshow am Start. Höhepunkt neben der Greatest Hits – Show war dann noch das Drum-Solo von Jörg Michael. In der Zeit, als AMON AMARTH noch mit der Trommel um den Weihnachtsbaum oder ums Feuer gerannt sind, hatten die Piraten aus Hamburg schon ein Wikingerschiff auf der Bühne. Das fuhr wie von der Hand des schrecklichen Sven gesteuert bis an den Bühnenrand und hoch in die Lüfte. Mittendrin das Schlagzeug und sein Meister. Hart im Wind!

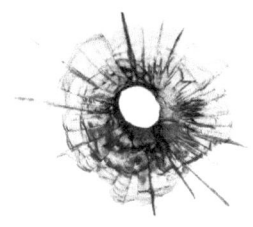

# Da fahre ich hin, da nicht, oder doch?!

Unsere wenigen Redaktionstreffen fanden meist bei Sascha im Jugendzimmer in der Wohnung der Eltern statt. Hier gaben alle ihre fertig geschriebenen Konzertberichte, Interviews und Plattenkritiken ab. Der Layout-Onkel, also ich, durfte diese dann mitnehmen und komplett neu in den Computer zu Hause eintippen. Nix Diskette, nix Email. Gab es nicht. Hatte niemand.

Aber was macht man nicht alles um ein besseres Ergebnis zu bekommen? Sascha verkündete dann immer, was neu anstand. Große Diskussionen darüber, „wer denn gern wo und wer nicht", hielten sich in Grenzen. Irgendwo war ja alles cool und für jeden etwas dabei.

Sascha, der ziemlich clever durch das Leben ging und gut schwätzen konnte, entdeckte immer mehr Möglichkeiten kleine Werbeanzeigen an Land zu ziehen, was unser Heft um einige Seiten dicker werden ließ. Das Wachstum ließ unseren Arbeitseifer noch mehr steigen und so gingen alle wieder ihrer Wege im Namen des Heavy Metal. Gelegentliche Streifzüge in die angrenzenden vertretbaren Gattungen des Rock blieben dabei nicht aus. Schließlich wollten wir eine gute Auswahl anbieten.

Mittwoch, 14. März 1990 · 20 Uhr
KÖLN · STADTHALLE MÜLHEIM

»Lightning Strikes Twice«
MOLLY HATCHET

+ special guests

Tourneeleitung:
Concertbüro Hänsel
Örtliche Durchführung:
Concert Cooperation Bonn GmbH

0514 ✳

Sonntag,
21. Januar 1990
Einlaß 19 Uhr, Beginn 20 Uhr

**Düsseldorf**
Tor 3

Verbilligter
Vorverkauf: **23,-**
zzgl. Vorverkaufsgebühr

Abendkasse: **27,-**

Cooperation:
Sunrise – HPS Promotion

TELE 5
HARD 'N HEAVY

---

MAREK LIEBERBERG & OSSY HOPPE PRESENT

# ALANNAH
# MYLES

BLACK
VELVET
TOUR '90

Samstag, 16. Juni 1990 · 20.00 Uhr
**KÖLN · LIVE MUSIC HALL**

**Vorverkauf: DM 25,-**
zuzügl. Vorverkaufsgebühr, inkl. 7 % MwSt.
**Abendkasse: DM 29,-**
inkl. 7 % MwSt.
**KEIN SITZPLATZANSPRUCH!**

1639

Wichtiger Hinweis siehe Rückseite!

---

OSSY HOPPE & MAREK LIEBERBERG PRESENT

# BLACK
# SABBATH
### TOUR '90

3483

**Sonntag, 21. Oktober 1990 · 20.00 Uhr · Düsseldorf · Ph**

**Vorverkauf: DM 33,-**
zuzugl. Vorverkaufsgebühr.
inkl. 7 % MwSt.

**Abendkasse: DM 38,-**
inkl. 7 % MwSt.
**KEIN SITZPLATZANSPRUCH!**

Tourneeleitung
Marek Lieberberg Ko
Örtliche Durchführu
HPS Promotion

**WICHTIGER HINWEIS SIEHE RÜCKSEITE!**

---

Mittwoch,
7. Februar 1990
Einlaß 19 Uhr, Beginn 20 Uhr

**Düsseldorf**
Tor 3

Verbilligter
Vorverkauf: **23,-**
zzgl. Vorverkaufsgebühr

Abendkasse: **27,-**

Cooperation:
Sunrise – HPS Promotion

TELE 5
HARD 'N HEAVY

Sonntag, 1. April 1990 · 20 Uhr
DÜSSELDORF · PHILIPSHALLE

»Fire over Europe 90«

# YNGWIE MALMSTEEN

+ special guest
support: China

Tourneeleitung:
Moderne Welt GmbH
Örtliche Durchführung:
Concert Cooperation Bonn GmbH

3139 ✳ Jugendliche unter 18 Jahren nur in Begleitung eines Erziehungsbe-
rechtigten. Keine Haftung für Sach- und Körperschäden. Zurücknahme
der Karten nur bei Absage der Veranstaltung. Kartenpreiserstattung erfolgt nur über die Verkaufsstelle bei der die Karte gekauft wurde, bis
zwei Wochen nach Konzertdatum. Bei Verlassen der Halle verliert die Karte ihre Gültigkeit. Das Mitbringen von Glasbehältern, Dosen, Tonbandgeräten, Film- u. Videokameras, pyrotechnischen Gegenständen, Fackeln sowie Waffen ist untersagt. Bei Nichtbeachtung erfolgt Verweis aus der Halle. Ton-, Film- u. Videoaufnahmen auch für den privaten Gebrauch,
sind nicht erlaubt. Mißbrauch wird strafrechtlich verfolgt. Kaufen Sie Ihre Karten nur an den bekannten Vorverkaufsstellen.
Kein Sitzplatzanspruch. Gute Unterhaltung!

PRESENTS

# FAITH NO MORE

+ PRONG

Tourneeleitung: Hammer Promotions GmbH, Frankfurt/M
Örtliche Durchführung: Concert Team Düsseldorf

107 Keine Haftung für Sach- und Körperschäden. Zurücknahme der Karte nur bei Absage der Veranstaltung. Kartenpreiserstat-
tung erfolgt nur über die Verkaufsstelle, bei der die Karte gekauft wurde, bis
zwei Wochen nach Konzertdatum. Bei Verlassen der Halle verliert die Karte ihre Gültigkeit. Das Mitbringen von Glasbehältern, Dosen, Tonbandgeräten, Film- und
Videokameras, pyrotechnischen Gegenständen, Fackeln sowie Waffen ist untersagt. Bei Nichtbeachtung erfolgt Verweis aus der Halle. Ton-, Film- und Videoaufnahmen, auch für den privaten Gebrauch, sind nicht erlaubt. Mißbrauch
wird strafrechtlich verfolgt. Beim Parken beachten Sie bitte die Hinweise der
Ordnungskräfte. Sitzplätze nur nach Kennzeichnung. Tourneeleitung
Anstalten wünschen viel Freude angenehmen Abend und gute Unterhaltung
Kein Sitzplatzanspruch

7. Mai 1990
Einlaß: 19.00 Uhr, Beginn: 20.00 Uhr

DÜSSELDORF ● TOR 3
Ronsdorfer Straße

HOT 3. NIGHT
METAL
mit

SATYR

Tusk

THE SPOT

3.2.91, 19ᵘᵘ h          Eintritt: 7,-

FRANKLINSTR. 5
JUGENDFREIZEITEINRICHTUNG

CLANG & BANG
CONCERT

# RISK
REGICIDE
› backstage ‹

ASMODI BIZARR

Release-Party 'n' Gig
4. 2. 1991
Beginn: 20.00 Uhr ✳

aktionsbühne
junge jab Düsseldorf

Heinrich-Heine-Platz · Kasernenstraße 6

PRESSE

Jugendliche unter 18 Jahren nur in Begleitung eines Erzie-
hungsberechtigten. Keine Haftung für Sach- und Körperschäden. Zurücknahme der Karten nur bei Absage der Veranstaltung. Kartenpreiserstattung erfolgt nur über die Verkaufsstelle, bei der die Karte gekauft wurde, bis 2 Wochen
nach Konzertdatum. Bei Verlassen der Halle verliert d. Karte
ihre Gültigkeit. Das Mitbringen von Glasbehältern, Dosen,
Tonbandgeräten, Film- und Videokameras, pyrotechnischen
Gegenständen, Fackeln sowie Waffen ist untersagt. Bei
Nichtbeachtung erfolgt Verweis aus der Halle. Ton-, Film-u.
Videoaufnahmen, auch für den privaten Gebrauch, sind nicht
erlaubt. Mißbrauch wird strafrechtl. verfolgt. Beim Parken
beachten Sie bitte die Hinweise der Ordnungskräfte. Kaufen
Sie Ihre K..ten nur an den bekannten Vorverkaufsstellen.

# THE SISTERS
# OF MERCY

und andere dürstere Gestalten!

Mit dem gitarrenlastigen Album „Vision Thing" hatten sich die Düsterschwestern nicht nur in die Charts, sondern auch in so einige Metallerherzen katapultiert. Also mal was anderes. Auf in die Grugahalle nach Essen. Dunkle Gestalten hatte ich ja erwartet, aber so dunkele und so viele davon?!

Heute ist der Anblick solcher Massen an Gothic-Damen und -Herren nix Besonderes mehr, aber vor über zwanzig Jahren für mich und die Minderzahl an Metallern in der Halle schon. Besonders ihre Art, zur Musik abzugehen, war mir neu. Unsereins holte die Luftgitarre raus und ließ den Haar-Propeller rotieren, und die?

Die gehen grüppchenweise im Wechsel vorwärts und rückwärts, so alle vier Schritte und dann von vorn. Tja, was soll man sagen. Öfter mal was Neues.

THE SISTERS OF MERCY, die Wegbereiter des Gothic-Rock, um den Sänger Andrew Eldritch kamen nicht schlecht rüber. Mir fehlten jedoch bei dem Song „This Corrosion" die abgefahrenen Wagner-Chöre, die dem Song das spezielle i-Tüpfelchen verpasst hatten. Na, egal. Sonst eine gelungene Abwechslung im Konzertalltag.

# Ali Baba und die 40 Räuber, oder

# ALICE COOPER

## und die 40 Dealer!

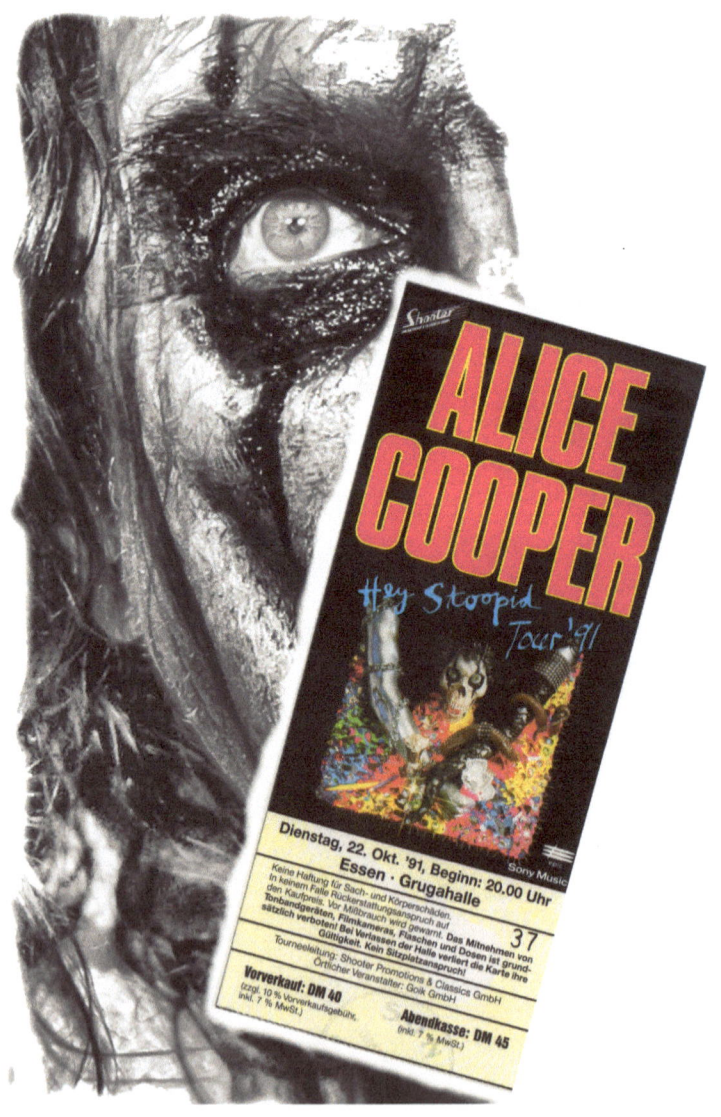

Im Verhältnis zu den Redaktionskollegen inklusive Chef Sascha war ich mit meinen siebenundzwanzig Lenzen eh ein alter Sack. Somit musste ich eigentlich den noch älteren Sack ALICE COOPER noch gut aus seiner Anfangszeit kennen. Nun: nicht so übermäßig. Mein älterer Bruder war da voll dabei, als „Schools out" in den 70ern aktuell war. Das einzige, neben diesem Hit, was ich von ALICE COOPER kannte, war ein Zeitungsbericht aus der Rheinischen Post von anno Tobak, wo gut vierzig Drogendealer bei einem einzigen COOPER-Konzert in Düsseldorf verhaftet wurden. Ja und die eine oder andere Anekdote über seine Live-Shows kannte ich natürlich auch.

Was gibt es da besseres, als endlich mal nach Jahrzenten in sein Konzert zu gehen. Wie gedacht, so getan!
Die Grugahalle war bis zum Bersten voll. Das lag sicher nicht an dem goldenen Oldie-Hit aus den 70ern, sondern an: „POISON", dem aktuellen Smash-Hits für die Mädels. Aber egal...

Was der Altmeister an dem Abend da gezeigt hatte, konnte wirklich als vom Allerfeinsten bezeichnet werden. Geiler Sound, gute Songs und eine Show, die nur wenige Bands so aufwendig betrieben und betreiben.

Jede Menge Blut floss unter anderem, als er einen gut zwei Meter langen Nagel in die übergroße Bühnenhand stieß. Anschließend marschierte er mit dem triefenden Etwas an den Bühnenrand und begoss die Menge bis in die fünfte Reihe mit der roten Soße. Rollende Köpfe oder sonstige abgetrennte

Gliedmaßen unterlegten seine Albtraum-Visionen mithilfe von einigen Requisiten und einigem Personal. Am besten aber gefiel mir, wie er in einem Film auf einer riesigen Projektionswand von Außerirdischen festgehalten und gefoltert wurde. Er befreite sich aus den Fängen der Fieslinge, rannte los und sprang nahtlos aus dem Film heraus auf die Bühne. Echt ein Hammereffekt! Kopf ab! Ich meine natürlich: Hut ab!

# SEPULTURA,

## HEATHEN und viele Schmerzen!

Das SEPULTURA, mit der ARISE schon bald richtig durch die Decke gehen würden, war an dem Abend schon klar zu erkennen. Das TOR3 in Düsseldorf war viel zu klein für den Andrang. „SOLD OUT".

Uns war es egal, da wir dort ja erstens arbeiten mussten, zweitens keine Tickets brauchten und drittens nur ein paar Stationen mit der Bimmel-Bahn von zu Hause aus fahren mussten. Viele Fans aber mussten unverrichteter Dinge wieder abziehen.

Der Support HEATHEN waren mir von der „Breaking the Silence" ein Begriff. Die Scheibe zierte damals meine dezente Plattensammlung. Zu Fotos der Show war es leider an dem Abend nicht gekommen, aber beim Interview habe ich sie dann doch noch zusammen erwischt.

Die Ehre, heute das Konzert von den Brasilianischen Durchstartern fotografisch festzuhalten erwies sich jedoch als recht schmerzhaft. Das TOR3 hat keinen wirklichen Fotograben wie gewohnt. So hieß es bei SEPULTURA klettern, kämpfen, schwitzen. An einer Traverse hochgeklettert, mit einer Hand den schweren Fotoapparat positioniert und dann einfach draufgehalten. Anders ging es nicht. In der Halle ging der Punk ab und am Schluss war ich um einige blaue Flecke, eine Prellung und ein paar erträgliche Bildchen reicher.

HEATHEN 1991

SEPULTURA 1991

SEPULTURA 1991 (MIT PHIL RIND OF SACRED REICH)

SEPULTURA 1991

MAX CABALERA 1991

# MORDRED

## Rappin` Funky Time

Auch in anderen Städten fanden natürlich schöne Konzerte statt. Sascha scheuchte mich mit dem Kollegen Randi diesmal in eine Diskothek ins Ruhrgebiet, wo eher selten metallische Festivitäten stattfanden. Ins Old Daddy in Oberhausen.

Und alle drei Truppen waren mir absolut unbekannt. Man kann ja auch nicht alles kennen. MORDRED spielten - laut meinem Kollegen - leider fast nur neue Stücke, was die allgemeine Stimmung nicht gerade anheizte. Der funky, rappin` Metalcore hatte es schwer heute, genau wie die beiden Bands IN THIS LIFE, THE ATOM SEED. Na ja, es ist nicht immer Sonntag, gell.

MORDRED 1991

# SAVATAGE

## Zu viel Tod auf den Strassen!

Ein absolut überzeugendes Feuerwerk an virtuosen Songs bekamen die Fans von SAVATAGE auf der „STREETS" - Tour zu hören. Im Düsseldorfer TOR3 zeigte sich vorher noch der Support VICIOUS RUMOURS in Topform! Klar eine der unterbewertetsten Bands in der Szene.

Dass beide Bands wenig später einen ihrer wichtigsten Mitstreiter verlieren mussten, konnte da noch niemand ahnen. Gitarrist Chris Oliva von SAVATAGE und gleichzeitig Bruder des Sängers John Oliva starb bei einem Autounfall 1993 und Carl Albert von VICIOUS RUMOURS verließ unseren Planeten 1995 ebenfalls durch einen Autounfall. Unglaublich! Zu viel Tod auf den Straßen.

VICIOUS RUMOURS 1991

CARL ALBERT (R.I.P.)

SAVATAGE 1991

CHRIS OLIVA (R.I.P)

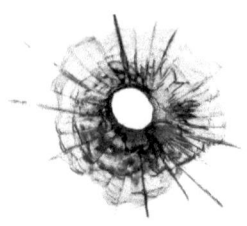

# Mit den Backstage-Pässen

# in die Pleite

Ich war erfreut, als ich die Einladung bekam, zum Benefiz-Konzert zugunsten der Kinder-Aids-Hilfe Deutschland e.v. mit PROTECTOR, SACROSANCT, ASSORTED HEAP, CORACKO, NIGHTMISSION, JUSTICIA, VANIZE, MURPHY'S FACE zu kommen und darüber zu berichten.

Ich war allerdings sehr verwundert darüber, dass sich trotz eines so großen und abwechslungsreichen Band - Angebotes nur gut 200 Leute in das TOR3 verirrt hatten. Hatte die gute Sache also keinerlei Bedeutung? Oder war was falsch gelaufen? Vielleicht weil es Sonntag war? Zu wenig Werbung? Die gutgemeinte Geste, etwas für die Kindern zu tun, schien mit Füßen getreten zu werden. Am Ende war mir allerdings klar, was einer der Gründe für das miserable Ergebnis war. Gefühlte 150 Leute liefen mit Backstage-Pässen herum und hatten somit nichts bezahlt. Nach Abzug aller Kosten war dann laut Veranstalter ein vierstelliges Minus auf dem Konto übrig geblieben. Verständlichlicherweise ein hohes Lehrgeld.

Ich erfuhr auf Nachfrage, dass der Veranstalter das nicht auf sich sitzen lassen wollte. Die Fehler müssten wiedergutgemacht werden. Daher sei eine Fortsetzung unter anderen Bedingungen geplant. Wir hofften es für die Kinder.

# Der Nachwuchs

und die Macht des Stroms.

In einem Fanzine werden natürlich besonders die aufstrebenden regionalen und überregionalen Gruppen unterstützt. Diese Konzert-Veranstaltungen fanden natürlich in deutlich kleineren Etablissements statt.

Die damalige Disco KONTRAST in Wuppertal bot den unbekannten Bands die Möglichkeit eine Runde abzurocken. Selbstredend mitten in der Woche.

Und dafür war es richtig gut gefüllt. Die Fans und die anderen interessierten Gäste der drei Düsseldorfer Kapellen INFERIOR, LOST CENTURY und RATTA CRÄSCH tummelten sich hier gut gelaunt.

Den Konzertreigen eröffnete dabei INFERIOR. Progressiver Thrash-Metal von höchster Qualität ließ mich und die Besucher staunen, was doch an Niveau im Untergrund zu finden war. Auch wenn die Musik sich nicht zum Partymachen eignete, so kam die Band trotzdem gut an.

Ihren ersten Auftritt überhaupt bestritten im Anschluss die Prog-Power-Metaller LOST CENTURY, die wohl heimlich die meisten Zuschauer mitgebracht hatten. Dies war nicht zu überhören. Der hohe Qualitätslevel des Abends blieb dabei bis zum Schluss bestehen.

RATTA CRÄSCH, die als einzige die richtige Stimmungs-muse dabei hatten und einen Punk-/Metal-Mix fuhren, erhielten eine richtige fiese Abfuhr. Um Punkt 22:30 Uhr standen die Gesetzeshüter auf der Matte und sprachen eine

Verwarnung aus. Das Konzert sei wegen der Lautstärke zu beenden. Die Jungs setzten alles auf eine Karte und spielten weiter. Schließlich hatten sie ja gerade erst angefangen. Nach gut(!) zwanzig Minuten Show war dann aber trotzdem alles vorbei.

Der Strom wurde gekappt. Sehr schade!

Hatte doch alles so gut angefangen. Enttäuschung bis ins Mark bei den Fun-Metallern und den Fans. Nach wochenlanger Vorarbeit und Planung, nach endloser Vorfreude über das erste Konzert mit neuem Drummer und letztendlich nach dem ganzen Tag Schlepperei der Technik, war dieses Ende laut Band ein richtiger Schlag ins Gesicht.

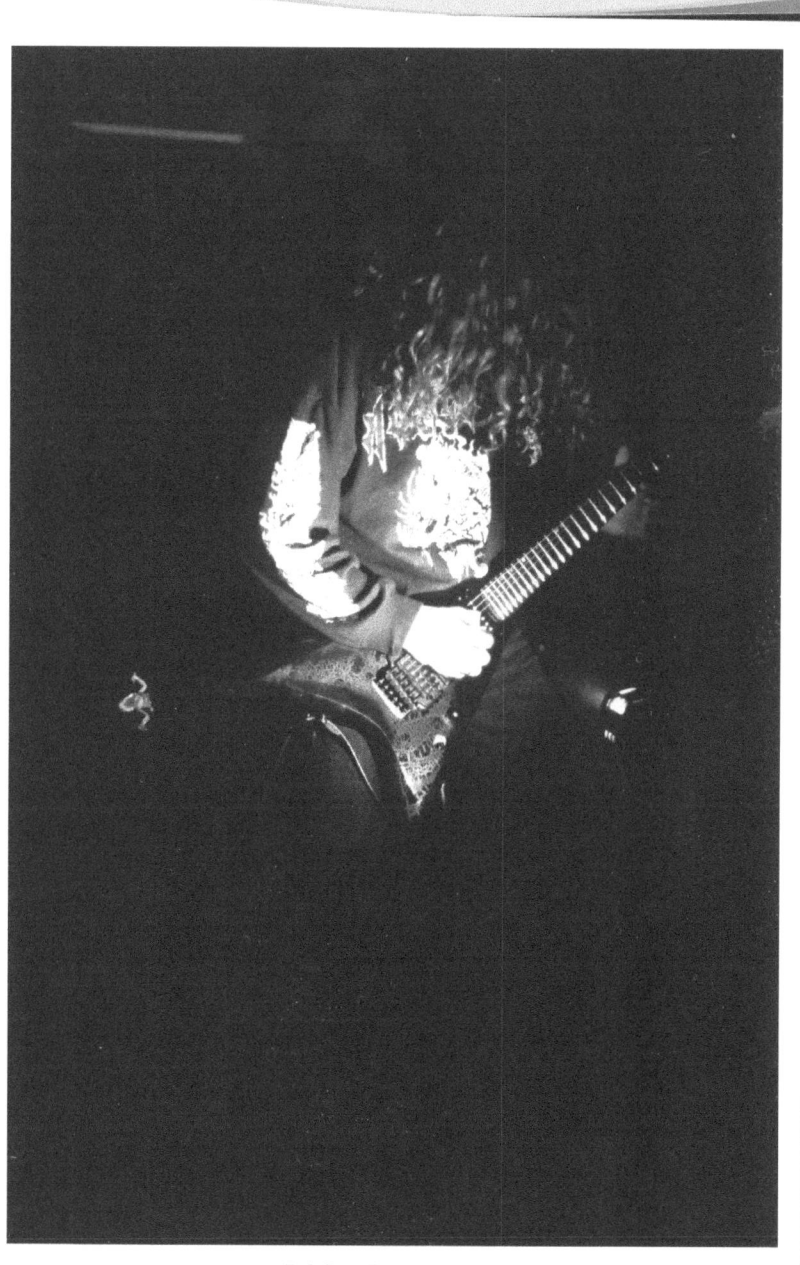

LOST CENTURY 1991

# Und wieder ist...

## ein Jahr vollbracht...

Als wenn es gestern gewesen wäre, (war ja auch fast gestern) beehrten uns Lemmy und Co. zum alljährlichen Christmas Knüppel Fest. Der Verdacht, dass hier ein Konzert-Abo der Rock'n Roller existent war, lag dabei nahe.

WOLFSBANE nahmen es gelassen, den Opener zu machen. Kein leichtes Spiel bei diesem Billing von den überwiegend harten Truppen heute. Zwei Drittel der gut 5000 Fans bevölkerten die Bierstände im Foyer. Die Band um Blaze Bayley, der später bekanntlich bei IRON MAIDEN das Mikro schwang, hinterließ trotz allem einen sehr positiven Eindruck.

Schlagartig voller wurde es bei HEADHUNTER. Schmier und seine Mannen präsentierten ihr erstes Album und als Sahnehäubchen einen Satz DESTRUCTION – Klassiker hinterher. Ein Geburtstagsständchen für Schmier aus tausenden von Kehlen rundete das geile Set ab.

MORBID ANGEL hatten zumindest bei mir schlechte Karten. Ich kannte zu wenig Material der Knüppler und der miese Sound gab nicht nur mir dann den Rest.

Als der Ansage-Onkel der Halle verkündete, dass Andreas Kisser von SEPULTURA sich den Arm zerlegt hatte, kam kurz Unruhe auf. SEPULTURA fällt aus. Scheiße! Aber nix da. Uno, dos, tres, quattro: Da stehen die Sekunden später auf der Bühne mit Leih-Gitarreo. Hut ab. Geiles Geknüppel!

Wenn ich so an die früheren Zeiten von KREATOR zurückdenke, Alter! Die hatten meistens so einen Mülleimer-

Sound, dass man nicht wusste welcher Song gerade läuft. Heute war es dann aber doch anders. Fettes Brett, gut abgestimmte Lightshow. Perfekt.

Und bei Lemmy hatte ich abschließend schon so die Lampen an, dass ich von der Show nicht mehr viel gesehen habe, sorry! Steht mir auch mal zu.

MAREK LIEBERBERG & OSSY HOPPE PRESENT

# Fleetwood Mac

**BEHIND THE MASK TOUR**

## 7415

Freitag, 7. Sept. 1990 · 20.00 Uhr

**ESSEN · GRUGAHALLE**

Vorverkauf: DM 42,–
zuzügl. Vorverkaufsgebuhr, inkl. 7 % MwSt

AKKU   Abendkasse: DM 50,–
inkl. 7 % MwSt.

KEIN SITZPLATZANSPRUCH!

**Wichtiger Hinweis siehe Rückseite!**

---

Montag, 13. Mai 1991 · 20.00 Uhr
**KÖLN · STADTHALLE MÜLHEIM**

**»Solid Ball of Rock Tour '91«**

**SAXON**

**+ special guests:**

# Headhunter

Tourneeleitung:
Concertbüro Hänsel
Örtliche Durchführung:
Concert Cooperation Bonn GmbH

1582   ✳

---

**TOURPASS**

BRINGS

*Kamine Tour '91*

**GAST**

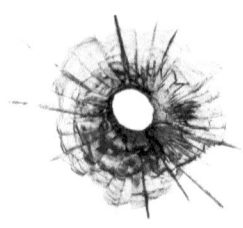

# Plötzlich wurde es leserlich und plötzlich war er weg!

In dieser recht kurzen Zeit meines Paparazzo- und Reporter-Daseins waren mir bisher sehr amüsante Geschichten passiert. Ich bin ins Computerzeitalter eingestiegen und konnte den Wechsel unseres Fanzine-Umschlages von "schwarz-weiß" kopiert zu "Hochglanz gedruckt" erleben. Nicht zu vergessen: mit einer Zusatzfarbe. Selbst der Inhalt war nun leserlicher. Von anfänglichen 16 Seiten waren wir nach drei Ausgaben doppelt so dick geworden. Nein, nicht wir, unser kostenloses Magazin. Meine Zeit als rasender Reporter und Fotofuzzi hatte gerade erst begonnen. Das ganze gewachsene Team war voll im Saft. Sascha aber zog sich irgendwie immer mehr zurück. Wir hatten alle unsere Meinungen, aber dass wir uns je gestritten hätten, kann ich nicht sagen. Ohne merklichen Abschluss standen wir plötzlich ohne Boss da und einer von unserem Haufen würde es weiter treiben. Wer? Das erfahrt ihr im nächsten Teil, wenn es wieder heißt: „Holli, wir haben ein Interview. Rate mal, mit wem?"

Tja, das war es für dieses Mal. Gerne hätte ich alle Fotos in Farbe angeboten, aber dann wäre das Ganze noch teurer geworden. Ich hoffe es war ein wenig unterhaltsam.

Prost und bis bald.

Holli

Zeitfracht Medien GmbH
Ferdinand-Jühlke-Straße 7
99095 Erfurt, Deutschland
produktsicherheit@kolibri360.de